新质生产力驱动下高校经济责任审计数智化转型路径探索

张丽娜 著

燕山大学出版社
·秦皇岛·

图书在版编目（CIP）数据

新质生产力驱动下高校经济责任审计数智化转型路径探索 / 张丽娜著. -- 秦皇岛 : 燕山大学出版社, 2025. 8. -- ISBN 978-7-5761-0881-1

Ⅰ. F239.47-39

中国国家版本馆 CIP 数据核字第 2025XR4597 号

新质生产力驱动下高校经济责任审计数智化转型路径探索

XINZHI SHENGCHANLI QUDONG XIA GAOXIAO JINGJI ZEREN SHENJI SHUZHIHUA ZHUANXING LUJING TANSUO

张丽娜 著

出 版 人：陈　玉

责任编辑：张　蕊　　**策划编辑：**杨春茹

责任印制：吴　波　　**封面设计：**刘韦希

出版发行：燕山大学出版社　　**电　　话：**0335-8387555

地　　址：河北省秦皇岛市河北大街西段 438 号　　**邮政编码：**066004

印　　刷：涿州市般润文化传播有限公司　　**经　　销：**全国新华书店

开　　本：710 mm×1000 mm　1/16　　**印　　张：**11.25

版　　次：2025 年 8 月第 1 版　　**印　　次：**2025 年 8 月第 1 次

书　　号：ISBN 978-7-5761-0881-1　　**字　　数：**185 千字

定　　价：56.00 元

前　　言

在当今科技飞速发展与经济结构深刻变革的时代背景下，新质生产力概念的提出为各行业的创新发展指明了新方向。新质生产力以科技创新为核心驱动力，融合了新兴技术与先进生产要素，正深刻重塑着经济社会的运行模式与发展格局。对于审计领域而言，其影响尤为显著，促使审计向数智化转型迈进，高校经济责任审计也置身于这一变革浪潮之中。

本书围绕新质生产力与高校经济责任审计数智化转型展开深入探究，共分为六个章节。第一章从新质生产力与审计数智化的基础理论入手，深入剖析二者的发展背景、内涵特征以及融合机制，为后续研究搭建理论框架；第二章聚焦高校经济责任审计，详细梳理其现状并精准剖析现存问题，全面展现其实际处境；第三章着重论述新质生产力驱动下高校经济责任审计数智化转型的必要性，从多维度阐释此转型对高校长远发展的关键意义；第四章积极探索高校经济责任审计数智化转型的可行路径，涵盖理念革新、数据处理与技术应用创新，并佐以丰富案例予以实证支撑；第五章冷静审视数智化转型进程中面临的技术、数据与人员等诸多挑战，进而提出极具针对性的应对策略与切实可行的建议；第六章则着力阐述高校经济责任审计转型所需的保障措施，包括完善配套制度、构建内控风险管理体系以及建立干部审计数据档案等，力求全方位确保转型工作的顺利推进与有效实施。

希望通过本书的探讨，为高校经济责任审计工作提供理论指导，推动审计数智化转型进程，提高审计效率与质量，从而更好地助力高校优化内部治理，强化风险防控，为高等教育事业的稳健发展与创新突破筑牢根基，为培育适应新时代需求的高素质人才提供坚实保障，在教育强国建设的伟大征程中发挥积极且关键的作用。

尽管笔者力求结合内部审计基本理论和基本方法，深入探索新时代提升高校经济责任审计的新思路、新方法，在内容的安排上尽量系统、全面，在语言的表达上注意深入浅出，但由于高校内部审计还处于改革和发展时期，加之笔者自身水平的限制，在写作上不免存在这样或那样的缺陷与问题。因此，书中所提出的理论观点和对策建议只代表作者个人的学术立场与主张，发表出来参与学术讨论，希望与学界同人切磋交流，恳请不吝赐教。在此，对所有为本书撰写提供帮助和支持的单位和个人表示衷心的感谢。同时，也期待与各位同人共同探讨和研究，为我国高等教育事业的发展贡献智慧和力量。

笔者

2024 年 12 月 10 日于燕山大学

目　录

第一章　新质生产力与审计数智化转型的理论基础

第一节　新质生产力概述

新质生产力是创新起主导作用，摆脱传统经济增长方式、生产力发展路径，具有高科技、高效能、高质量特征，符合新发展理念的先进生产力质态。它由技术革命性突破、生产要素创新性配置、产业深度转型升级而催生，以劳动者、劳动资料、劳动对象及其优化组合的跃升为基本内涵，以全要素生产率大幅提升为核心标志，特点是创新，关键在质优，本质是先进生产力。

一、新质生产力的政策引领

2023 年 9 月 7 日下午，习近平总书记在哈尔滨主持召开新时代推动东北全面振兴座谈会时说："积极培育新能源、新材料、先进制造、电子信息等战略性新兴产业，积极培育未来产业，加快形成新质生产力，增强发展新动能。"2023 年 9 月 8 日上午，习近平总书记在听取黑龙江省委、省政府工作汇报时强调："整合科技创新资源，引领发展战略性新兴产业和未来产业，加快形成新质生产力。"2023 年 12 月 11 日至 12 日，中央经济工作会议指出："以科技创新引领现代化产业体系建设。要以科技创新推动产业创新，特别是以颠覆性技术和前沿技术催生新产业、新模式、新动能，发展新质生产力。"

2024年1月19日，习近平总书记在“国家工程师奖”首次评选表彰之际作出重要指示，希望全国广大工程技术人员坚定科技报国、为民造福理想，勇于突破关键核心技术，锻造精品工程，推动发展新质生产力，加快实现高水平科技自立自强，服务高质量发展，为以中国式现代化全面推进强国建设、民族复兴伟业作出更大贡献。2024年1月31日，中共中央政治局就扎实推进高质量发展进行第十一次集体学习。习近平总书记在学习时对新质生产力作出重要论述和深刻阐释，强调发展新质生产力是推动高质量发展的内在要求和重要着力点，必须继续做好创新这篇大文章，推动新质生产力加快发展。2024年2月2日，习近平总书记在听取天津市委和市政府工作汇报时强调，天津作为全国先进制造研发基地，要发挥科教资源丰富等优势，在发展新质生产力上勇争先、善作为。2024年2月29日，习近平总书记在二十届中央政治局第十二次集体学习时的讲话强调，要瞄准世界能源科技前沿，聚焦能源关键领域和重大需求，合理选择技术路线，发挥新型举国体制优势，加强关键核心技术联合攻关，强化科研成果转化运用，把能源技术及其关联产业培育成带动中国产业升级的新增长点，促进新质生产力发展。2024年3月5日，习近平总书记在参加十四届全国人大二次会议江苏代表团审议时强调，要牢牢把握高质量发展这个首要任务，因地制宜发展新质生产力。2024年3月6日，习近平总书记在看望参加全国政协十四届二次会议的民革、科技界、环境资源界委员并参加联组会时强调，科技界委员和广大科技工作者要进一步增强科教兴国强国的抱负，担当起科技创新的重任，加强基础研究和应用基础研究，打好关键核心技术攻坚战，培育发展新质生产力的新动能。2024年7月15日至18日，中国共产党第二十届中央委员会第三次全体会议在北京举行，会议通过《中国共产党第二十届中央委员会第三次全体会议公报》。全会提出，要健全因地制宜发展新质生产力体制机制，健全促进实体经济和数字经济深度融合制度，完善发展服务业体制机制，健全现代化基础设施建设体制机制，健全提升产业链供应链韧性和安全水平制度。

二、新质生产力研究综述

（一）新质生产力概念方面的相关研究

学者们对新质生产力概念进行了多维度探讨。陈秀英等（2024）指出，新质生产力虽为新兴概念，却与经济高质量发展、现代化产业体系及创新驱动发展战略等在“质量”维度紧密相连且一脉相承。郭朝先等（2024）认为其本质是创新驱动的新型生产力，可从“新”“质”“力”解读：“新”为新产业载体与组织形式；“质”涉及本质、物质与品质，意味着质的提升；“力”指网力和算力。任保平等（2024）综合多人研究成果，认为新质生产力是数字时代生产力发展质态的转变，以科技创新为主导，符合新发展理念与高质量发展要求，是传统生产力的跃迁，“新”体现在科技创新驱动，“质”体现在数字与先进制造技术融合提升生产效率。蒲清平等（2024）阐述了其内涵特征、内在逻辑及实现途径，论证了为中国式现代化提供新动能的必然性。张开等（2024）指出，当前学术界多聚焦于特征、内涵及实现路径的初步分析，基于马克思主义生产力理论的研究较少，该文通过剖析理论与实践逻辑，探寻新质生产力与新质生产关系辩证统一的“新质资本”形式，以拓展研究视野。

（二）发展新质生产力的相关研究

学界普遍认为，大力发展新质生产力对构建新发展格局、实现高质量发展及中华民族伟大复兴意义重大，围绕其发展路径，学者们展开多方面探讨。宁殿霞等（2024）基于马克思主义自然力理论，提出以培养创新人才、合理开发自然资源、改善民生为发力点，推动新质生产力形成与经济高质量发展。郭朝先等（2024）指出，新质生产力能通过技术赋能等多种效应，助推现代化产业体系建设，提升其完整性、先进性与安全性。武峥（2024）从经济、社会、环境价值维度，论证了新质生产力赋能中国式现代化的逻辑。

在区域经济层面，林木西等（2023）主张以科技创新驱动产业创新等举措，为东北振兴培育新质生产力。傅文军等（2024）提出发展区域智算产业，助力区域制造业高质量发展。胡代松（2024）建议促进文化与科技融合，发展湖南文化新质生产力。在生态层面，许全喜等（2024）针对长江流域治理，提出加强人水和谐、科技创新及制度创新以发展水利新质生产力；余欣（2024）针对黄河流域治理，提出构建高质量标准等三大体系推动黄河保护治理新质生产力发展。人才培养方面，王顶明等（2024）提出提升博士生教育质量，推动新质生产力发展。在数字化层面，翟云等（2024）提出从技术、数据、场景、人才着手，发展适配数字化转型的新质生产力；陈秀英等（2024）提出从数字治理、技术研发、人才培养等多方面，发挥数字化对新质生产力的赋能作用。金融领域，何秋洁等（2023）提出构建联合推动机制，从宏观、中观、微观层面发力，促进新质生产力发展。

综上所述，当前国内学界在新质生产力理论的研究上已有所建树，在新质生产力的概念界定、发展路径与策略等方面均产出了一系列成果，这些成果为进一步深入探究新质生产力相关议题奠定了良好基础。高校经济责任审计在高校治理体系中占据重要地位，其数智化转型更是契合时代发展需求与技术进步潮流。然而，在新质生产力驱动下高校经济责任审计数智化转型这一特定且关键的交叉领域，研究成果尚显匮乏。该领域研究的不足，凸显出本书研究方向的独特价值与重要意义，也为本书深入剖析新质生产力如何作用于高校经济责任审计数智化转型，探究其中的机制、路径、挑战与对策等提供了广阔的研究空间，成为本书展开深入探讨的核心依据与逻辑起点。

三、新质生产力的概念内涵

（一）新质生产力的概念

新质生产力是习近平总书记基于全球科技革命与中国式现代化实践创新性提出的概念，体现出马克思主义生产力理论在新时代的突破性发展。它以科技创新为内核驱动，通过颠覆性技术突破、全要素协同配置和产业生态重构，推动生产力实现从量级扩张到质态跃迁的系统性变革：在要素维度，形成“高技能人才－智能工具－数据资源”的新型组合；在产业维度，催生战略性新兴产业、未来产业与传统产业深度转型的融合格局；在制度维度，构建适配创新规律的体制机制与开放生态，破除传统发展路径依赖。这一先进生产力质态不仅通过提升全要素生产率重塑高质量发展动能，更以绿色化、数字化、融合化的演进逻辑，为全球生产力革新提供中国智慧，彰显社会主义市场经济的制度优势与实践效能。相比于传统生产力，新质生产力摆脱了传统经济增长方式、生产力发展路径，其技术水平更高、质量更好、效率更优，具有高科技、高效能、高质量和可持续创新特征，是符合新发展理念的先进生产力质态。

新质生产力与传统生产力的具体区别在于：

（1）创新性：新质生产力强调创新驱动，不断推动科技进步、管理创新和制度创新，以提高生产效率。而传统生产力主要依靠资源和劳动力的投入，技术进步和创新对其影响有限。

（2）信息化：新质生产力注重信息技术的应用，通过大数据、云计算、人工智能等技术手段实现生产过程的智能化、自动化和柔性化。传统生产力则相对滞后，对信息技术的应用程度较低。

（3）知识密集型：新质生产力要求企业具备较高的知识水平和技能，劳动者的知识结构和能力需求也发生了变化。传统生产力则更注重体力劳动，对劳动者的知识水平和技能要求相对较低。

（4）绿色环保：新质生产力强调可持续发展，注重节约资源和保护环境，推动绿色生产方式的发展。传统生产力在一定程度上忽视了环境问题，对资源的消耗较大。

（5）全球化：新质生产力要求企业具备全球竞争力，能够适应全球化的市场环境和竞争格局。传统生产力主要在国内市场开展业务，全球化程度较低。

（6）协同性：新质生产力强调产业链、供应链和价值链的整合，力求实现生产要素的优化配置和高效利用。传统生产力则以单一企业为主体，生产环节相对独立。

（二）新质生产力的基本内涵

新质生产力代表了先进生产力的演进方向，其核心在于劳动者、劳动资料、劳动对象三大要素的质态跃迁与科技驱动的系统性协同，形成“要素升级-结构优化-功能跃升”的先进生产力体系。

1.劳动者的质态跃迁体现为从体力依赖型向知识驱动型的根本转变

传统劳动者以机械重复劳动为主，劳动效能受限于身体素质与经验积累；而新质生产力下的劳动者是具备跨领域知识储备、数字化技能与创新决策能力的复合型主体，不仅能熟练操作智能工具，还能通过数据分析、流程优化主动解决问题，在动态环境中实现自主决策。此外，新型劳动者展现出卓越的学习适应能力，能够迅速掌握人工智能、物联网等新兴技术工具，并在生产过程中兼顾效率提升与生态可持续性，从而促进人、技术、自然的和谐共生。

2.劳动资料的质态迭代聚焦于工具系统的数智化重构

传统劳动资料以机械设备和基础设施为主，依赖人工操作且受限于时空条件，灵活性、精准性不足；而新质生产力依托数字技术将劳动资料升级为“人”“机”“数据”融合的智能生态。人工智能、自动化设备等工具可以实现远程操控、虚拟仿真与全天候运行，突破了物理空间限制。例如，智能工厂通过数字孪生技术对生产线实时模拟优化，使生产效率与容错能力同步提升。同时，新质劳动资料以绿色技术为基础，通过清洁能源装备、低碳工艺降低资源消耗，形成高效能与可持续并重的生产范式。

3.劳动对象的质态拓展表现为从实体物质向虚实融合的维度延伸

传统劳动对象集中于自然资源与初加工原料，依赖物理形态的消耗与转化；而新质生产力将数据、信息、新材料等纳入劳动对象范畴。数据作为新型生产要素，凭借共享性（多场景复用）、虚拟性（数字空间构建）与强渗透性（赋能全产业链），成为价值创造的核心载体。例如，机器学习模型通过对用户行为数据进行分析，精准预测市场需求，驱动产品研发与供应链优化；钠离子电池的研发突破了锂资源约束，降低了生产成本并提升了能源安全。劳动对象的虚实融合重构了生产逻辑，使价值创造从“加工实体”向“挖掘信息”与“设计关系”拓展。

科技要素的系统性渗透是新质生产力的核心驱动力。在传统生产力中，劳动者、工具、对象呈机械叠加状态，要素间协同有限；而新质生产力通过科技创新将三者深度绑定，形成“1+1+1>3”的聚变效应。科技不仅作为独立要素存在，更如同“基因编码”嵌入各环节：赋能劳动者技能升级、驱动工具智能迭代、催化对象价值裂变。例如，人工智能算法既辅助劳动者决策（如风险预测模型），又优化工具运行逻辑（如智能调度系统），同时挖掘数据对象潜能（如客户画像分析）。这种渗透重构了产业生态——传统产业通过智能化改造焕发新动能，新兴产业依托技术突破加速崛起，未来产业在交叉融合中孵化新业态，最终形成创新浓度决定发展质量的现代生产力体系。

（三）新质生产力的构成要素

科技创新是新质生产力的构成要素，主要涵盖科技创新、教育创新、管理创新、制度创新和商业模式创新，其中科技创新处于核心地位。这些要素相互关联、协同作用，共同推动新质生产力发展，为经济高质量增长与社会进步注入强大动力。

1.科技创新

科技创新是新质生产力的核心驱动。基础研究的突破，如量子计算和基因编辑技术 CRISPR-Cas9，开辟了新领域并推动了多行业的发展。量子计算的并行计算能力在密码学和金融风险分析等领域发挥关键作用，而 CRISPR-Cas9 技术可以在农业和医学上助力培育优质作物品种和治疗遗传病，重塑医疗健康产业。在应用研究和技术开发方面，人工智能与大数据的融合成果显著。人工智能深度学习算法在图像和语音识别等方面取得突破，已应用于智能安防和智能家居，提升了安全保障和人机交互的便捷性。大数据技术通过分布式存储和计算框架处理海量数据，帮助企业分析消费者行为和市场趋势，实现精准营销和优化生产流程。技术集成与融合创新催生了新功能和产业形态，如智能交通系统整合物联网、大数据和人工智能技术，实时采集交通数据并分析拥堵规律，实现信号灯智能调控和车辆自动驾驶辅助，提升了交通管理效率以及出行的安全性和舒适性，推动了相关产业的协同发展，创造了全新的交通生产力形态。

2.教育创新

教育创新是新质生产力的人才源泉。传统教育模式难以满足创新型、复合型人才需求，其教育理念需从知识灌输转向培养创新思维、实践能力与综合素质。学校可通过项目式、探究式学习，鼓励学生解决实际问题，锻炼独立思考与团队协作能力，如开设科学课程引导学生自主设计实验。课程设置要强调跨学科融合，如开设生物信息学、智能科学与技术等跨学科课程。生物信息学融合了生物与计算机知识，可以为生物制药等领域输送人才；智能科学与技术整合了多学科知识，旨在培养人工智能等前沿领域研发人才。现代信息技术的发展对教育创新具有积极作用，在线教育、远程教育的兴起，打破了时空限制，使学生可随时随地获取全球优质课程。VR、AR 技术应用于教学，能够创造沉浸式体验，有效提升学生学习兴趣与效果。职业教育创新也至关重要，需紧密对接市场需求，优化专业设置，加强实践教学，通过与企业合作培养高素质技能型人才，为新质生产力在各产业的发展提供支撑。

3.管理创新

管理创新是新质生产力的协调机制，确保新质生产力各要素高效协同。在组织管理层面，传统层级式管理决策流程长、信息传递慢，难以适应快速变化的环境。扁平化管理通过减少层级、赋予基层员工决策权，提升组织决策速度与灵活性。如创新型科技企业项目团队采用此结构，缩短产品研发周期。敏捷管理以客户需求为导向，快速响应市场变化。在软件开发中，敏捷管理通过将项目分解为迭代周期，依据用户反馈优化后续开发，确保产品贴合需求。在供应链管理领域，敏捷管理可以促使企业与供应商建立紧密合作关系，通过实时监控信息，快速应对突发情况，既可以保障生产连续性，又可以提高供应链效率与弹性。知识管理在知识经济时代意义重大，企业通过搭建知识分享平台、开展交流活动等方式，促进知识创造、传播与应用；同时，借助技术手段充分挖掘、分析知识资源，为企业决策、研发等环节提供支持，进而有效提升创新能力与竞争力，推动新质生产力持续发展。

4.制度创新

制度创新是新质生产力的保障支撑，为新质生产力营造良好环境。宏观政策方面，政府制定政策法规引导资源向新质生产力领域集聚，制定税收优惠政策，对高新技术企业减免税收，降低创新成本；设立科技创新专项资金，支持基础研究、成果转化等活动，解决资金瓶颈；制定人才引进政策，在住房、教育、科研经费等方面提供优惠，吸引高端人才；完善知识产权保护制度，通过完善法规与严格执法，保护创新者权益，激发创新活力，促进技术转移与扩散。

5.商业模式创新

商业模式创新是新质生产力实现价值创造与市场拓展的关键。共享经济模式可以优化资源配置，推动产业创新，助力可持续发展。如共享单车，通过整合闲置资源，依托互联网与智能锁技术，解决了出行难题，创造了新的盈利模式，不仅带动了相关产业发展，还为交通出行领域新质生产力注入活力。平台经济模式可以打破地域与信息限制，实现资源高效配置。如电商平台为消费者与商家提供了便利与渠道，通过收取佣金、广告费用盈利，利用大数据优化服务，催生直播带货等新业态，拓展了商业创新边界。订阅制商业模式在文化娱乐、软件服务领域广泛应用，如在线视频、音乐平台等，可以为企业提供稳定收入。企业可依据用户数据优化产品与服务，有效提升用户满意度与忠诚度，进而促进新质生产力在相关领域的发展。

综上所述，科技创新、教育创新、管理创新、制度创新和商业模式创新共同构成新质生产力核心要素体系。未来我国需持续推动各要素协同创新，在全球竞争中培育更具活力与竞争力的新质生产力，实现经济高质量可持续发展，在科技革命与产业变革中占据主动，为人类社会进步创造更多价值。

四、新质生产力对经济社会的影响

（一）对经济的影响

1.推动经济高质量发展

新质生产力有助于推动产业变革。例如，在人工智能领域，新质生产力促使智能语音识别、图像识别等技术不断成熟，并广泛应用于智能家居、智能安防等众多产业。这些高科技产业的产品和服务具有高附加值的特点，能够提升整个产业的效益，改变以往以资源消耗和劳动力密集型为主的经济增长模式，推动经济向更高质量迈进。

新质生产力有助于优化产业结构。它催生了一批新兴产业，如新能源汽车产业。随着电池技术、自动驾驶技术等新质生产力要素的注入，新能源汽车产业快速崛起，带动了电池制造、软件开发、智能交通等上下游产业的协同发展，使产业结构更加合理，增强了经济的韧性和稳定性。

2.提高经济效率

新质生产力通过数字化和智能化手段提升生产效率。在制造业中，工业互联网的应用使生产设备实现了互联互通，企业因此可以实时监控生产数据，进行精准的生产调度和质量控制。例如，企业通过大数据分析可以预测设备故障，提前做好应对措施，减少停机时间，大大提高了生产的连续性和效率。

新质生产力促进了资源的优化配置。以区块链技术为例，在供应链金融中，它可以实现信息的透明化和不可篡改，金融机构能够更准确地评估企业的信用风险，将资金更高效地配置到有需求的企业，提高了资金的使用效率，从而提升了整个经济的运行效率。

3.增强经济竞争力

在全球经济竞争中，新质生产力是关键因素。国家或地区拥有先进的新质生产力，如 5G 通信技术、量子计算等，就能在相关产业领域占据技术高地。以 5G 通信技术为例，其高速率、低延时的特性使得智能制造业、远程医疗等成为可能，掌握 5G 通信技术的国家在这些新兴产业的国际竞争中更具优势，能够吸引更多的高端产业投资和人才，进而提升本国经济在全球产业链中的地位。

（二）对社会的影响

1.改善就业结构和质量

新质生产力创造了新的就业岗位类型。随着大数据产业的发展，数据分析师、数据挖掘工程师等新职业应运而生。这些岗位通常需要具备较高知识和技能水平的人才，也会提供较高的报酬，提升了就业质量。同时，新质生产力也促使传统职业进行技能升级。在电商直播的冲击下，传统的销售岗位人员需要学习直播带货技巧等新技能，这有利于提升劳动者的综合素质，推动社会整体就业结构向知识型、技能型转变。

2.提升社会服务水平

新质生产力在医疗领域的应用，如远程医疗、智能诊断等，打破了地域限制，使患者能够获得更优质的医疗服务。在教育领域，在线教育平台利用虚拟现实、人工智能等技术，提供了更加个性化的学习体验，提高了教育的公平性和质量。在社会治理方面，大数据和人工智能技术有助于实现城市交通、环境等方面的精细化管理，提升居民的生活满意度。

3.促进社会可持续发展

新质生产力中的新能源技术是应对气候变化和能源危机的关键。太阳能、风能等可再生能源技术的发展，减少了人们对传统化石能源的依赖，降低了碳排放，有利于环境保护。同时，新质生产力推动的循环经济模式，如废弃物的智能回收利用系统，能够提高资源的利用率，实现经济与环境的协调发展，为社会的可持续发展奠定坚实基础。

综上，新质生产力对经济社会的影响是全方位的，是推动经济社会进步的关键力量。

五、新质生产力与审计的关系

（一）新质生产力为审计带来的机遇

1.拓展审计领域

新质生产力催生了一系列新兴产业和商业模式，如人工智能、大数据、云计算、区块链、新能源等。这些领域的快速发展为审计工作开辟了全新的空间。在人工智能领域，审计关注人工智能算法的公正性和可靠性，以及人工智能应用在企业决策过程中的合规性。在区块链技术应用方面，审计人员需要对区块链上交易记录的真实性、智能合约的执行情况进行审查。这使得审计能够在更广泛的经济活动中发挥监督和保障作用。

2.创新审计方法和技术

新质生产力带来了先进的信息技术和数字化手段，为审计方法和技术的创新提供了有力支撑。大数据技术使审计人员能够获取、存储和分析海量的数据，从而实现对审计对象的全面、精准审查。通过数据挖掘和分析算法，审计人员可以快速发现数据中的异常模式和潜在风险，提高审计效率和准确性。在财务审计中，利用大数据技术可以对企业的财务报表数据、交易记录等进行多维度分析，及时发现财务造假等问题。云计算技术则为审计工作提供了强大的计算能力和灵活的存储资源，审计人员可以通过云平台实现数据的实时共享和协同审计，打破地域和时间限制。同时，人工智能技术在审计中的应用也日益广泛，智能审计机器人可以自动完成一些重复性、规律性的审计任务，如凭证审核、报表核对等，大大减轻了审计人员的工作负担，提升了审计工作的质量和效率。

3.提升审计质量和效率

新质生产力所带来的高效能、高质量特征与审计工作追求的目标高度契合。借助新质生产力提供的先进工具和技术，审计人员能够更深入地挖掘审计证据，更准确地评估审计风险，从而提高审计质量。例如，在环境审计中，利用卫星遥感、无人机监测等技术手段，可以获取更全面、更准确的环境数据，进而可以对企业的环境污染情况进行更客观的评价。同时，新质生产力的发展加速了审计流程的自动化和智能化，减少了人工操作环节，降低了人为错误的发生概率，显著提升了审计效率。审计人员可以将更多的时间和精力用到对复杂问题的分析和判断上，为经济社会发展提供更具价值的审计服务。

（二）审计促进新质生产力发展

1.保障新质生产力发展的资金安全

新质生产力的发展离不开大量的资金投入，包括政府的财政支持、企业的研发投入以及社会资本的参与等。审计可以通过对这些资金的筹集、分配和使用情况进行全过程监督，确保资金的安全和有效使用。具体而言，在政府对科技创新企业的财政补贴审计中，审计人员可以审查补贴资金的申报条件是否合规、审批程序是否严格、资金是否及时足额拨付到位以及企业是否按照规定用途使用资金等，防止骗取财政补贴、挪用资金等违法违规行为的发生，保障政府资金能够真正用于支持新质生产力的发展。同时，在对企业研发投入的审计中，审计人员可以评估企业研发费用的核算是否准确、研发项目的立项和实施是否合理，从而提高企业对研发资金的使用效率，推动企业在新质生产力领域的创新发展。

2.促进新质生产力相关政策的有效落实

为了推动新质生产力的发展，政府出台了税收优惠、产业扶持等一系列鼓励政策。审计可以对这些政策的执行情况进行跟踪审计，检查政策是否真正落地生根，是否达到了预期的政策效果。在税收优惠政策审计中，审计人员可以审查企业是否符合享受税收优惠的条件，税务部门是否按照规定及时办理税收减免手续。审计可以发现政策执行过程中存在的问题，进而提出改进建议，促进税收优惠政策的有效落实，从而降低新质生产力企业的运营成本，激发企业的创新活力。在产业扶持政策审计方面，审计人员可以对产业园区的建设和运营情况、政府对新兴产业的扶持资金使用情况等进行审计，评估产业扶持政策对新质生产力发展的促进作用，为政府进一步完善产业政策提供决策依据。

3.加强对新质生产力发展过程的监督和规范

新质生产力在发展过程中，由于其创新性和不确定性，容易出现一些不规范的行为和潜在的风险。审计作为经济监督的重要手段，可以对新质生产力发展过程中的经济活动进行全面监督，规范市场秩序，防范风险。在对人工智能企业的数据安全和隐私保护审计中，审计人员可以检查企业是否建立了完善的数据安全管理制度，数据收集、存储、使用和传输过程是否符合相关法律法规的要求，是否存在数据泄露等风险隐患。通过审计监督，促使企业加强数据安全管理，保护用户的合法权益，维护市场的公平竞争环境。同时，在对新兴金融科技产品的审计中，审计人员可以关注其业务模式的合规性、风险控制措施的有效性等，防范金融风险，保障金融市场的稳定运行，为新质生产力的健康发展营造良好的环境。

4.推动新质生产力领域的创新和协同发展

审计不仅具有监督职能，还具有服务职能。通过对新质生产力相关企业和项目的审计，审计人员可以深入了解行业的发展现状和存在的问题，为企业提供有针对性的管理建议和决策参考，促进企业加强内部管理，提升创新能力。在对科技创新企业的审计中，审计人员可以分析企业的研发投入结构、创新成果转化效率等情况，发现企业在创新过程中存在的瓶颈问题，提出优化研发资源配置、加强产学研合作等建议，推动企业在新质生产力领域的创新发展。此外，审计还可以通过对跨部门、跨行业的新质生产力项目的审计，促进不同部门和行业之间的信息共享和协同合作，打破部门和行业壁垒，形成推动新质生产力发展的合力。例如，在对智能交通项目的审计中，审计人员可以关注交通部门、科技企业、通信运营商等各方在项目实施过程中的协作情况，发现协作过程中存在的沟通不畅、职责不清等问题，提出改进措施，促进智能交通产业的协同发展。

新质生产力与审计之间存在着相互影响、相互促进的密切关系。新质生产力的发展为审计带来了新的机遇，拓展了审计领域，创新了审计方法和技术，提升了审计质量和效率。而审计作为经济社会运行的“免疫系统”，在新质生产力发展过程中发挥着重要的保障作用，通过保障资金安全、促进政策落实、加强监督规范以及推动创新协同发展等，为新质生产力的持续健康发展保驾护航。

第二节　审计数智化概述

一、数智化的发展背景

数智化是数字化和智能化相结合的结果，其概念的起源与发展经历了多个阶段，反映了信息技术的演进与应用趋势。

（一）数智化的起源

1.数字化的萌芽

20世纪中叶，随着电子计算机的诞生，数字化的概念开始逐渐形成。早期的计算机主要用于科学计算和军事领域，例如，美国在二战期间使用计算机进行弹道计算等复杂运算。这些早期的应用虽然具有局限性，但已经展现出计算机处理和存储数据的巨大潜力。随后，计算机技术在商业领域开始得到初步应用，如企业的财务管理、库存管理等简单的数据处理任务开始由计算机承担。这一时期，数据主要以简单的电子表格形式存储和处理，数字化的范围和深度都较为有限，但为后续的发展奠定了基础。

2.信息技术的发展与网络的兴起

20世纪60—70年代，信息技术迎来了重要的发展阶段。数据库技术的出现使得数据的存储和管理更加高效和结构化，企业能够更好地组织和利用大量的数据资源。同时，网络技术兴起，其从局域网（LAN）到广域网（WAN）的逐步发展，打破了数据传输的地域限制。得益于局域网技术的发展，企业内部不同部门之间实现了数据共享和协同工作；而凭借广域网技术，大型企业和科研机构开启了远程数据传输和信息交流的新模式。这一阶段，数字化不再局限于单个计算机或企业内部，开始向更广泛的范围延伸，数据的流通性和共享性得到显著提升，为智能化的发展埋下了伏笔。

（二）数智化的演进历程

1.互联网时代的降临

20世纪90年代，互联网的大规模普及成为数智化发展的重要转折点。互联网将全球范围内的计算机和网络连接在一起，形成庞大的信息网络，极大地提升了数据获取与传播的便捷性，促使海量信息和数据不断涌现。在此背景下，企业敏锐捕捉到互联网的价值，借助互联网收集客户信息、市场动态等数据，并将其应用于商业决策中。以电子商务企业为例，其通过分析用户浏览与购买行为数据进行商品推荐，率先实现了数字化与智能化的初步结合。与此同时，互联网的普及促进了软件的开发，各类互联网应用程序大量涌现，进一步丰富了数字化的应用场景，为智能化算法训练提供了丰富的数据来源。

2.大数据技术的崛起

进入21世纪，随着数据量呈指数级增长，大数据技术应运而生。传统数据处理技术难以应对新的数据处理挑战，大数据技术则凭借分布式存储、并行计算等创新技术实现了突破，为处理大规模数据提供了解决方案。在此契机下，企业和研究机构纷纷运用大数据技术挖掘数据价值。其中，金融机构通过分析海量交易数据，构建风险预测和信用评估模型；互联网企业借助大数据对用户行为进行深度剖析，进而持续迭代产品设计与服务策略。这些应用不仅体现了大数据技术的实践价值，还为智能化发展提供了坚实的数据基础，有助于智能算法的不断进化和优化。

3.人工智能与机器学习的突破

在大数据技术发展的同时，人工智能和机器学习领域迎来重大突破。深度学习算法，特别是神经网络的诞生，极大地提升了计算机的学习与分析能力。基于此，人工智能系统通过对大量数据的深度学习，在图像识别、语音识别、自然语言处理等多个领域取得显著成果。以图像识别技术为例，它已在安防监控、医疗影像诊断等场景广泛落地，大幅提升了工作效率与质量。语音助手通过对海量语音数据的分析学习，实现了对人类语言的准确理解与响应，成为人们生活与工作的得力助手；基于大数据与深度学习算法的双重驱动，机器翻译的准确性和流畅性不断提高，有效打破了人机语言交流障碍。这些人工智能技术与大数据技术深度融合，成为推动数智化发展的强劲动力，加速了智能化应用在各行业的全面推广。

4.物联网的融合

物联网的兴起极大推动了数智化的发展进程。物联网将传感器、智能家电、工业设备等物理设备接入互联网，打破了物理世界与数字世界的壁垒，实现了两者的深度融合。设备采集的环境温度、设备运行状态等数据被实时传输至云端，成为分析与决策的依据。在智能家居场景下，系统可以根据采集到的室内环境数据，自动调控各类家电设备，为用户营造舒适便捷的居住环境；在工业领域，可以通过工业物联网对生产设备进行远程监控与智能维护，及时排除故障，提升生产效益。物联网的发展拓宽了数智化的数据来源，丰富了其应用场景，使得智能化决策得以驱动物理设备，实现自动化控制与系统优化。

（三）数智化发展的关键推动因素

1.技术创新的驱动

计算机技术的不断进步是数智化发展的核心动力。从早期的大型机到如今的微型计算机、服务器集群，计算机的性能得到了巨大提升，计算速度更快、存储容量更大、处理能力更强。同时，芯片技术的发展，如集成电路的不断小型化和集成化，使得计算机设备更加便携和高效。在软件技术方面，操作系统的不断更新换代、编程语言的丰富和优化以及各种开发工具和框架的涌现，为软件开发提供了便利条件，加速了数字化和智能化应用的开发进程。此外，通信技术的发展，从 2G、3G 到 4G、5G 的演进，实现了高速、稳定的数据传输，保障了数智化应用在不同场景下的流畅运行。

2.经济发展的需求

随着全球经济的发展，市场竞争愈发激烈，企业急需通过提升生产效率、降低成本、提高产品和服务质量来增强自身竞争力，数智化技术为此提供了系统性的解决方案。在生产环节，依托数字化和智能化的生产管理系统，企业可以实现生产自动化，减少人为因素的干扰，显著提升生产效率和产品合格率。智能制造工厂便是典型的应用场景，其可依据订单需求灵活调整生产计划，实现生产线的个性化配置，满足定制化生产需求。在市场营销层面，数智化技术助力企业深入洞察客户需求，实现精准营销，优化客户关系管理，大幅提升客户满意度和忠诚度，推动销售增长，扩大市场份额。此外，在经济全球化的大背景下，数智化技术凭借实时数据共享和协同机制，助力企业优化全球供应链管理，进而降低物流和库存成本。

3.社会变革的促进

现代社会的快速变革也对数智化发展产生了积极影响。首先，社会分工的精细化与生活节奏的加快，促使各行业对降本增效、精准决策的诉求愈发强烈。这为以大数据分析、人工智能算法为依托的数智化解决方案创造了广阔的施展空间。在教育行业，数智化可以助力个性化教学。借助学习分析系统，教师能实时获得学生学习数据，精准洞察学生知识薄弱点，为其推送专属学习资源，从而提升教学效果。在农业领域，数智化可以赋能精准种植。依据传感器收集到的土壤湿度、养分、气象等数据，农民可按需精准灌溉、施肥，实现降本增产，从而提升农业生产效益。其次，随着社会信息化程度的不断提高，人们对信息技术的接受度和依赖度也越来越高。智能手机的普及使得人们随时随地都能接入互联网，使用各种数智化应用。最后，社会对创新和科技发展的重视也为数智化提供了良好的发展环境。政府出台了各种政策支持科技创新，鼓励企业加大对数智化技术的研发和应用投入，高校和科研机构也积极开展相关研究，培养数智化专业人才，为数智化发展提供了人才保障和技术储备。

（四）数智化在各领域的应用与影响

1.工业领域

在工业领域，数智化引领的工业 4.0 变革正深刻重塑传统工业生产模式，使其加速向智能化转型。智能工厂综合运用自动化生产线、机器人技术、工业物联网等先进技术，达成了生产过程的数字化监控、智能调度与优化控制。例如，汽车制造企业使用机器人执行零部件装配、焊接等关键工序，显著提升了生产效率，同时确保了产品质量的稳定性；化工企业依托工业物联网对生产设备的运行参数进行实时监测，能够提前察觉设备的潜在故障并及时预警，有效降低了生产事故发生的概率。此外，工业数智化进一步推动了产业链的协同发展，企业间借助数据共享和协同平台，实现了供应链的高效整合与创新合作，有力促进了整个工业体系的升级和竞争力的提升。

2.商业领域

商业领域是数智化应用的前沿阵地，电子商务的迅猛发展彻底革新了传统商业模式。如今，消费者借助互联网便能便捷地选购来自全球的商品，企业也可以通过电商平台拓展销售渠道，创新了营销模式。其中，直播带货等新兴电商模式就是数智化技术深度应用的典型，它巧妙地融合了线上购物与社交娱乐元素，创造出了巨大的商业价值。除此之外，商业智能系统的广泛应用，让企业能够对销售、市场、财务等多维度数据进行深度剖析。基于对这些数据的分析结果，企业能够科学地优化产品定价、合理调整库存策略、精准制订市场营销计划，显著提升运营的科学性与精准性。

3.金融领域

金融领域对数智化技术的应用尤为广泛和深入。银行等金融机构利用大数据技术进行信用评估和风险控制，通过分析客户的交易记录、信用历史等多维度数据，更准确地评估客户的信用风险，提高贷款审批的效率和准确性。人工智能技术也在金融投资领域得到应用，智能投资顾问根据投资者的风险偏好、投资目标等信息，为其提供个性化的投资组合建议。此外，区块链技术在金融交易中也得到应用，如数字货币、跨境支付等，提高了金融交易的安全性、透明度和效率，降低了交易成本和金融风险。金融数智化的发展不仅提升了金融机构的运营效率和服务质量，也对整个金融市场的稳定和创新发展产生了深远影响。

4.教育领域

在教育领域，数智化技术对传统教育模式的变革影响深远。一方面，在线教育平台的兴起使优质教育资源跨越了地域限制，实现了全球共享，学生可通过网络随时随地学习并互动交流。如大规模开放在线课程为广大学习者提供了免费或低成本的高等教育课程学习契机。另一方面，人工智能技术在教育中的应用逐渐丰富。智能辅导系统可以基于学生的学习情况和特点，提供个性化的学习辅导与练习，显著提高学生的学习效果。此外，教育大数据的应用让教育机构能够洞察学生的学习行为和需求，进而优化教学内容和方法，达成精准教学的目的。

5.医疗领域

医疗领域的数智化发展为提高医疗服务质量和效率带来了新的机遇。电子病历系统的普及实现了患者病历的数字化管理，方便医生随时随地查阅患者病史，提高了诊断的准确性和治疗的连续性。医学影像诊断技术借助人工智能算法，能够快速准确地识别医学影像中的病变特征，辅助医生进行疾病诊断，提高诊断效率和准确性。远程医疗技术通过视频通信等手段，使专家能够远程会诊疑难病例，从而为偏远地区的患者提供优质的医疗服务。此外，医疗物联网在医院管理中的应用，如智能病房管理、医疗设备管理等，能够提高医院运营效率，优化医疗资源配置。

数智化的发展是一个多因素交织作用下的长期演进过程。它发轫于计算机技术的初步应用，随着互联网、大数据、人工智能、物联网等技术的快速发展，这一进程不断深化，如今已经深刻地改变了我们社会经济的运行模式。技术创新、经济需求和社会变革等因素相互作用，共同推动了数智化在工业、商业、金融、教育、医疗等各个领域的广泛应用和快速发展。随着技术的不断进步和应用场景的不断拓展，数智化将继续引领未来社会的发展潮流，我们需要不断深入研究和探索数智化的发展规律，积极适应数智化带来的变革，进而实现个人、企业和社会的可持续发展。

二、数智化研究综述

（一）数智化技术的发展研究

“人工智能”最早于1956年在一场有关人工神经网络和自动化的研讨会上被提出，其实质是用机器模拟、延伸和拓展人的智能，使机器拥有像人一样思考的能力，属于计算机科学的一个分支。企业在应用数智化技术的过程中，首先需要对基础数据进行收集和储存，这形成了人工智能技术的初步数据源，为人工智能的学习和训练提供了坚实的数据基础。数智化技术在企业中的应用为企业管理带来了极大的便利。利用机器学习的技术，可以让计算机系统智能化，具有学习、模仿以及计算的能力。Brown（1990）将人工智能技术（神经网络、决策树、模式识别等）引入审计领域，不仅满足了审计对一致性的需求，而且有助于改善审计决策和交流。张炳才（2008）等人通过VBA编程开发了一套针对应收账款的重点审计实验，验证了程序挖掘出的孤立点均为大额异常值，这可以帮助我们迅速找出需要进行实质检验的审计要点。Appelbaum（2017）利用神经网络与计算机视觉技术对存货进行精准识别，并自动拍照保存，然后利用计算机图像的数字学习模型代替手工的库存核查和校验。Qiu X.等（2020）

从技术角度对自然语言处理领域的背景知识、代表性模型以及在实际应用中面临的难点问题进行了全面的归纳总结，对各类神经网络在自然语言处理中的应用进行了深入剖析，并对自然语言处理在深度学习、情景语义预测及识别和情绪分类等方面的拓展进行了深入的研究。

（二）数智化技术的应用研究

Daniel 和 Robert（1997）研究发现，在审计、税收工作中运用专家系统可有效提高工作效率，且该系统适应性高，能更好地满足高层管理人员需求。瓦萨海伊（2019）指出，长远来看，智能技术可独立制订审计方案、自主运作，还能利用学习能力纠正审计失误、改进审计流程。武晓芬、田海洋（2019）从技术角度探讨了数智化审计平台的建立，提出要解决有效算法及分析方法、构建信息共享和业务协同平台两方面问题，并认为平台应包括数据采集分析、审计交互、审计安全监管三大子平台，还讨论了各子平台的关键技术和模块设计。董淼（2023）认为人工智能技术在会计领域智慧化发展中可发挥重要作用，其与会计结合具有成本低、自动化程度高等特点。

（三）数智化技术在内部审计中的应用研究

宋耀芝（2014）提出内部审计应从公司整体出发整合审计资源，推动信息平台建设以提高技术应用水平。郑伟（2016）建议利用信息技术，如 web 爬虫技术，采集审核数据以扩大审计领域。张玉岭（2019）强调在数字化转型中，要研究基于智能学习的智能化审计模型，以提高审计效率。毕秀玲、陈帅（2019）提出“审计智能+”概念，目的是借助 5G、区块链和物联网等技术实现审计过程自动化。张育和刘丹丹等（2022）认为应基于传统审计流程全面分析数据，构建实时监管新模式，实现内部审计信息的结构化、动态化、协同化和可视化。

（四）数智化技术引入内部审计的意义研究

刘宇博（2020）指出，人工智能应用可以推动内部审计数字化转型，提升效率并降低成本。陈雪（2020）等认为借助人工智能建立数据模型追踪风险，可提升审计效率和质量。张庆龙（2022）等认为创新审计方式、推动智能化建设能更好为治理层与管理层服务，体现内部审计价值。

综上所述，在数字化飞速发展的当今时代，数智化技术在审计领域的应用已成为不可阻挡的趋势，吸引了国内外学者的广泛关注，并促使他们围绕数字化、智能化在审计中的应用展开了持续且深入的研究。

学者们的研究兼具系统性与层次性。在研究伊始，他们着重剖析基础概念，对数智化审计的内涵与特征予以清晰界定。在此基础上，他们进一步追溯其发展源头，梳理其发展脉络，并结合当下科技发展态势，合理预测其未来走向。与此同时，他们紧密结合时代背景以及高校自身发展需求，深入剖析内部审计的现状与存在的问题，充分论证了将数智化技术引入内部审计的必要性。在审计实务方面，学者们从审计模式和效率这两个关键维度深入研究。一方面，数智化技术能够对传统审计模式进行优化，实现审计工作的实时性、动态性与精准性，助力审计人员更好地应对复杂多变的审计环境。另一方面，研究指出，数智化技术通过自动化的数据采集、分析和处理流程，显著提高了审计效率，大幅缩短了审计周期，有效减少了人工错误。此外，学者们从大数据和智能化技术的应用层面出发，积极探寻内部审计转型的具体路径，为审计实践提供了极具价值的参考。然而，尽管当前数智化技术在审计领域的研究已取得一定成果，但仍存在诸多不足。在学术研究领域，尚未构建起统一的数智化技术在内部审计应用的框架体系。现有的研究视角较为分散，缺乏系统性与连贯性，对于内部审计数智化转型的总体目标、审计方式以及审计程序等核心问题的研究不够深入，至今尚未出现具有权威性和指导性的文献。在实务应用层面，数字智能技术在内部审计实践中的应用范围仍然十分有限。高校在推进内部审计数智化转型的过程中，由于缺乏可供借鉴的成熟标准和成功案例，转型的进程受到一定阻力。数智化技术为审计发展带来了新的机遇与挑战。要实现内部审计的全面数智化转型，需要学术界与实务界携手合作，加强理论研究与实践探索，尽快构建统一的应用框架。因此，深入研究数智化技术在高校经济责任审计中的运用，对于提升审计工作的精准度和效率，推动高校财务监管和管理的现代化具有重要意义。

三、数智化的概念和特点

（一）数智化的概念

数智化是数字化与智能化的深度融合，它依托大数据、云计算、物联网、人工智能等先进技术，对海量、多源、异构的数据进行采集、存储、处理与分析，进而实现业务流程的优化、智能决策的制定以及创新应用的开发。在数智化环境下，数据成为核心资产。系统通过智能算法与模型挖掘数据价值，从而具备类似人类的感知、认知、理解、分析和决策能力，如自动感知环境变化、识别复杂模式、预测发展趋势，并自主采取行动或为决策提供精准依据。数智化技术可以广泛应用于工业制造、金融服务、城市管理、医疗健康等众多领域，推动各行业从传统模式向高效、智能、创新的现代化模式转变，能够极大地提升社会生产力和运行效率，重塑经济与社会发展格局。

（二）数智化的特点

1.数据核心性

数智化将数据置于核心地位。当今时代，数据呈爆炸式增长，来源极为广泛，涵盖了各类传感器采集的物理信息以及网络交互产生的文本与行为数据等，这些丰富的数据蕴含着巨大价值，是数智化不可或缺的关键要素。以气象领域为例，气象部门借助分布在各地的气象传感器，收集温度、湿度、气压等多维度数据，再通过数智化系统进行深度分析处理，进而能够精准地预测天气变化，为农业生产、航空航天、日常生活等提供可靠且有效的气象服务。由此可见，数智化高度依赖数据的完整性、准确性和及时性，它借助先进的数据处理技术，深入挖掘数据背后隐藏的规律、趋势与关联，为决策制定、资源分配、风险评估等工作提供坚实有力的支撑，让各个领域的运作能够基于精准的数据洞察变得更加科学合理。

2.智能自主性

数智化的显著特点之一是智能自主性。借助人工智能、机器学习等前沿技术，数智化系统具备了自我学习、自我优化和自主决策的能力。以智能交通系统为例，它能够自动监测交通流量、路况信息，通过智能算法实时分析并调整交通信号的时长，完善配时方案，减少交通拥堵，提高道路通行效率，且无须人工持续干预。智能家居系统也可依据居住者的生活习惯与环境变化，自主控制家电设备、调节室内环境参数，如自动在主人回家前开启空调、根据光线强度调节灯光亮度等，为人们创造更加便捷、舒适的生活环境。

3.融合集成性

数智化强调融合与集成。它打破了技术之间的壁垒，将大数据分析、云计算、物联网、人工智能等多种先进技术有机地融合在一起。在智慧城市建设中，物联网技术把城市中的交通设施、能源设备、公共服务设施等连接成庞大网络，实时采集各类数据；大数据技术承担起存储、管理与分析海量数据的任务；云计算提供强大的计算能力与存储能力；人工智能则运用这些数据与资源进行智能决策与优化管理。例如智能能源管理系统，可依据城市能源消耗数据与需求预测，优化能源分配与供应，提高能源利用效率。同时，数智化也促进了不同业务领域与系统之间的集成，实现了信息共享与协同工作，提升了整体的运行效能与服务质量。

4.动态适应性

数智化具有出色的动态适应性。无论是面对环境变化、需求变动还是技术更新，数智化系统都能够快速作出反应并调整自身，确保在不同的情境变化下始终保持高效的运行与服务状态。在医疗领域，随着疾病种类的不断演变与医学研究的持续推进，数智化医疗诊断系统可及时吸收新的医学知识、病例数据与诊断标准，动态更新诊断模型与算法，从而更精准地识别疾病、制订治疗方案。在教育领域，数智化学习平台能够根据学习者的学习进度、知识掌握情况以及学习风格的变化，实时调整学习内容、教学方法与练习难度，为学习者提供个性化的学习体验。

5.创新驱动性

数智化是创新的强大驱动力。一方面，它推动了自身的创新发展，如人工智能在图像识别、自然语言处理等方面不断取得突破，区块链在数据安全与信任机制方面实现创新应用。另一方面，它促进了跨领域、跨行业的创新融合，如艺术创作与数智化技术相结合，催生出数字艺术、虚拟现实艺术展览等新兴艺术形式，给观众带来了全新的艺术体验；农业与数智化技术融合，衍生出智能农业种植系统，借助精准的环境监测以及自动化的灌溉与施肥，有效提高了农业生产效率与农产品质量。数智化激发了各个领域的创新活力，为社会发展带来了前所未有的创新机遇与变革动力。

6.多元交互性

数智化呈现出多元交互的特点。它实现了人与系统、系统与系统、物与物之间的广泛交互。在社交网络平台上，用户与数智化推荐系统相互交互，用户的行为数据被系统收集分析，系统则根据分析结果为用户推荐感兴趣的内容、人脉与活动，丰富用户的社交体验。在工业生产中，不同生产设备之间可通过数智化网络实现互联互通与交互协作，例如设备之间可自动传递生产数据、协调生产流程，从而提高生产的自动化与智能化水平。多元交互性使得数智化系统不再孤立，而是形成一个庞大而有机的交互网络，促进了信息流通、资源共享与协同合作，进一步拓展了数智化的应用范围与价值创造能力。

（三）审计数智化的概念

审计数智化是数字时代审计领域的革新趋势，它将数字化技术与智能化技术深度融入审计各环节，实现审计业务的数字化转型与智能化升级。其核心要素包含数字化与智能化技术的运用、对传统审计业务流程的优化重塑以及审计人员数字化能力的提升。审计数智化旨在通过自动化和智能化流程提高审计效率，利用先进技术增强审计质量，凭借强大的数据处理能力拓展审计范围，并为管理层提供精准审计信息以支持决策制定，从而推动审计工作在新时代实现全面变革与发展。

（四）审计数智化的特点

审计数智化作为数字时代审计领域的创新模式，展现出一系列鲜明且极具优势的特点，如表 1-1 所示：

表 1-1　审计数智化的特点

特点	说明
数据化	能够基于大数据技术快速获取数据，并对数据进行多维度、多层次的分析，从而发现潜在问题线索，提高审计分析的深度和广度，实现对审计对象的全面评估
自动化	能够利用人工智能技术自动识别异常情况，实现审计流程自动化，减少人工干预，提高审计效率和准确性，提高数据采集处理的效率和质量

（续表）

特点	说明
精准化	能够根据审计对象的特点和风险点精准确定审计疑点，快速制订审计方案和策略，合理提出审计处理意见
实时化	能够实时监测审计对象的变化和风险，及时调整审计方案和策略，保证审计的时效性和有效性
可视化	通过运用可视化技术，实现对审计结果的直观呈现和交互分析，提升高审计报告的可读性和可理解性

四、审计数智化的技术支撑

（一）大数据技术

大数据技术为审计提供了前所未有的数据资源池。大数据技术具备的大规模、高速性、多样性、低价值密度和准确性等特征，使审计人员能够获取组织内外部全方位的业务数据、财务数据以及相关环境数据。通过数据挖掘算法、数据仓库技术以及分布式计算框架，审计人员可以对海量数据进行清洗、转换、分析与可视化处理，从而精准地识别异常交易、潜在风险点以及审计线索，为审计决策提供丰富且可靠的数据支持。

（二）人工智能技术

人工智能技术在审计中的应用涵盖了机器学习、深度学习、自然语言处理以及机器人流程自动化（RPA）等多个方面。机器学习算法（如决策树、神经网络等）可基于历史审计数据进行训练学习，构建风险预测模型，从而自动识别高风险领域与异常模式；深度学习在图像识别、语音识别等领域的技术突破，为审计人员审核发票真伪、合同条款等非结构化信息提供了有力支持；自然语言处理技术使得审计人员能够快速分析大量的文本资料，如会议纪要、合同文档等，准确提取关键信息与潜在风险因素；RPA 则通过模拟人类操作流程，自动执行重复性、规律性的审计任务，如数据录入、文件比对等，可以显著提高审计效率并减少人为错误。

（三）云计算技术

云计算技术为审计提供了强大的计算能力、灵活的存储资源以及便捷的软件应用服务。借助基础设施即服务（IaaS），审计机构可以根据业务需求弹性调配计算资源，避免了硬件设施的高额投资与维护成本；平台即服务（PaaS）为审计软件的开发与部署提供了标准化的环境，促进了审计应用的快速迭代与创新；软件即服务（SaaS）模式下的审计软件，使得审计人员能够通过互联网随时随地访问与使用专业审计工具，实现审计作业的远程协同与移动化办公，极大地提升了审计工作的灵活性与便捷性。

（四）区块链技术

区块链的分布式账本、加密算法、智能合约等技术特性为审计数据的真实性、完整性与不可篡改提供了坚实保障。在财务审计中，区块链可实现交易数据的实时记录与共享，确保每一笔交易都能被追溯且无法被篡改，有效防止财务舞弊与造假行为；在供应链审计领域，区块链能够透明化供应链各环节的数据流转与交易过程，帮助审计人员快速核实交易的真实性与合规性，降低供应链审计的风险与难度。同时，可将智能合约的自动执行机制应用于审计流程中的某些合规性检查与自动化处理环节，以进一步提高审计的效率与准确性。

五、高校数智化审计建设的价值和意义

2019 年 2 月，中共中央、国务院印发《中国教育现代化 2035》，明确提出“推进教育治理方式变革，加快形成现代化的教育管理与监测体系，推进管理精准化和决策科学化”。高校内部审计作为推进中国高等教育现代化治理的重要手段，亟须转变传统的监督模式，通过数智化技术实现内部审计动态化、协同化、智能化、可视化转型，进而实现对高校资源投入和运营管理风险的有效监管和评价，推动高校在新时代实现内涵式发展。从内部审计自身的定位和工作来看，高校内部审计数智化建设的价值主要体现在以下几个方面。

开展数智化审计建设有利于审计经验的传承。高校审计人员在长期的项目实施中积累了丰富的审计经验和特色化的分析方法，然而这些知识在传统的审计传承中较难进行快速复制，需要较长时间的“师傅带徒弟”式传授。数智化

审计将这些优秀的审计知识进行结构化梳理，实现了审计分析的数据化、审计要点的规则化、审计经验的模型化，将基于“流程和经验”的问题识别转化为基于“数据和规则”的定量分析，并通过信息系统进行数据、规则、模型的固化，从而将审计经验、审计知识、审计模型、审计方法沉淀在部门，确保高质量审计的可持续发展。

开展数智化审计建设有利于监督模式的转型。随着教育部对高校风险管理要求的日趋严格，高校高层管理者希望审计监督工作能够从“事后监督”向“事前预警”转变，实现内审对管理问题和业务风险的“前置预警”。数智化审计通过技术手段实现风险要点的规则固化，从而可以通过实时的数据抓取和规则分析，在业务开展过程中进行风险识别和预警，并第一时间提醒相关职能部门和学校高层管理者，确保他们能够及时应对风险，有效将风险控制在业务第一线，真正推动内部审计从检查监督的事后价值保护向咨询服务的事中价值增值转型。

开展数智化审计建设有利于审计工作方式的优化。随着高校多校区、联合体以及国际化办学格局的形成，异地审计的重要性日益凸显，现场审计的成本投入也不断增加。因此，高校内部审计有必要提高审计人员现场工作的效率，减少现场工作的时间、资源和成本投入。数智化审计可在审计人员无须到达现场的情况下，实现异地自动化数据抓取和对比，并对数据信息进行整理与分析，实现高质量的风险识别和挖掘。这既能降低审计成本，又能提升审计问题挖掘的效率和精准度，进而推动审计工作从“现场审计”向“远程审计”转型。

开展数智化审计建设有利于审计方法的革新。传统内部审计受审计资源和审计时间的限制，往往依赖于抽样分析，审计对象的风险全貌只能依托抽样方法的科学性和准确性，在置信水平层面得到保证。而学校高层管理者希望看到全覆盖的管理问题识别和风险预警，从而为管理决策作出有效支持。数智化审计通过全局的系统对接、全量的数据抓取、全域的规则运行，以及全时不间断的分析处理，实现教学、科研、管理等业务风险监管的全覆盖，确保不出现重大风险识别的缺漏，从而对二级单位和各职能处室作出全面的系统性风险分析，使审计对象的风险画像更加精准。

开展数智化审计建设有利于提升审计时效。传统的高校内部审计工作，往往依据年度计划的项目安排或在收到学校管理者交办的任务后，先组织开展数据资料的采集和查阅、审计方案的制订和下发、现场情况的调研和测试、审计问题的汇总和确认等工作，随后进行审计报告的撰写、审计结论的汇报、审计问题的整改跟踪。其中审计报告撰写前的工作会耗费大量时间，影响审计工作的时效。数智化审计通过对审计资料和数据进行结构化处理和采集，以及对以往审计方案中的经验要点进行规则化转化，可以快速实现风险的自动化测试，大大缩短审计项目的实施周期，从而在有限时间内可以对风险作出全面的判断和认定，实现高层管理者对审计工作的“敏捷响应”要求。

第二章　高校经济责任审计的现状与问题剖析

第一节　高校经济责任审计概述

审计是党和国家监督体系的重要组成部分，经济责任审计作为审计的一个重要分支，在维护国家经济安全、推动全面深化改革、推进廉政建设等方面发挥着重要作用。2019 年 7 月，新修订的《党政主要领导干部和国有企事业单位主要领导人员经济责任审计规定》进一步明确了领导干部经济责任审计的审计对象、审计内容，同时使审计工作在组织协调、审计实施、审计评价以及审计结果运用等方面更具有指导性和可操作性。2020 年 3 月《教育系统内部审计工作规定》进一步突出了内部审计结果运用在审计工作流程中的地位。2021 年《“十四五”国家审计工作发展规划》将经济责任审计单独成章，明确了经济责任审计的工作重点和目标，对经济责任审计的评价作出重点要求，同时提出要在审计结果运用这个环节着力推进。一系列审计政策的出台，标志着我国审计监督领域的逐步扩大，也彰显了我国发挥审计监督职能的决心。然而，依据专业廉政研究机构出具的权威报告，在过去的一段时间里，教育领域廉政建设方面存在着不可忽视的问题。部分领导干部未能严守中央八项规定、廉洁纪律以及财经纪律，进而受到了相应的党纪政纪处置。这一情况引人深思，如何在高校发挥审计的监督和服务职能，如何建立健全高校经济责任审计结果的运用机制，从而实现“治已病、防未病”的目的，是值得我们深入探讨的课题。

一、高校经济责任审计发展背景

高校经济责任审计的产生与发展与我国经济体制改革和高等教育治理现

代化进程紧密相关。20 世纪 80 年代，经济责任审计起源于国有企业厂长（经理）离任审计，而高校经济责任审计的起步晚于企业和行政单位。

（一）制度奠基阶段（1997—2014 年）

1997 年，教育部印发《高等学校有关行政负责人经济责任审计实施办法》和《教育系统企业单位有关负责人经济责任审计实施办法》，首次明确高校经济责任审计的对象、程序及内容，成为相关制度雏形。2000 年，教育部、财政部联合发布《关于高等学校建立经济责任制加强财务管理的几点意见》，提出建立“分级经济责任制”，要求从校级领导到基层单位逐级落实经济责任，标志着高校经济责任审计从单一离任审计转向常态化管理工具。2009—2014 年，中国内部审计协会、教育部等陆续出台《内部审计实务指南第 4 号——高校内部审计》（2009 年）、《关于做好教育系统经济责任审计工作的通知》（2011 年）及新版《内部审计准则》（2014 年），进一步细化审计范围、程序及结果运用规则，推动高校经济责任审计向规范化、系统化方向发展。

（二）深化改革阶段（2015 年至今）

2018 年，中共中央办公厅、国务院办公厅印发《关于深化审计管理体制改革的意见》，要求强化对高校等事业单位主要领导干部的经济责任审计，重点关注权力运行与责任落实，审计内容从财务合规性扩展至政策执行、风险防控和绩效管理。2020 年，教育部发布《关于进一步加强高等学校内部审计工作的意见》，强调经济责任审计需覆盖“三重一大”决策、科研经费管理、资产资源使用等重点领域，并推动审计结果与干部考核、任用、问责挂钩。2021 年，《“十四五”国家审计工作发展规划》提出“科技强审”战略，高校开始探索大数据审计技术，通过智能化手段提升审计效率，例如运用数据分析平台筛查科研经费异常流向、资产闲置等问题。2022 年，财政部、教育部联合修订《高等学校财务制度》，明确将经济责任审计结果作为高校内部控制评价和预算分配的重要依据，强化审计整改的刚性约束。

二、高校经济责任审计研究综述

鉴于经济责任审计是具有中国特色的审计监督制度，其制度设计融合了财务审计与干部监督管理的双重属性。这一特殊性导致国外学界鲜有直接对应的研究成果。通过文献梳理可见，国内研究主要聚焦于高校中层领导干部的审计实践，早期研究侧重审计程序规范化探索，近年逐步转向评价指标体系建设、审计结果运用机制等深层问题。

（一）关于高校经济责任审计中现存问题及对策的研究

张爱琴（2018）提出高校中层领导干部经济责任审计存在的问题有审计队伍素质不能满足审计工作要求、审计任务安排缺乏计划性、评价标准不健全、对存在问题的整改力度不够、责任界定不够清晰、效益审计部分缺位。对此，她提出应当提高审计队伍的素质、增强审计任务的计划性、制定可操作性强的评价标准、创建整改和落实环节的体制和机制、准确界定经济责任、提升任中审计项目的比例、落实审计结果公告制度、将效益审计的概念融入经济责任审计之中等措施。张玉（2019）以广东省为例，指出当前高校中层领导干部经济责任审计存在的问题，包括组织机构有待健全、评价标准不明确、审计程序不规范、审计结果运用差等。针对以上问题她提出，高校应做到加强审计队伍建设、规范评价标准、规范审计管理。王强（2023）提到高校审计人员专业结构以财务为主，工程、信息技术等专业人才稀缺，审计风险评估体系不健全，风险识别与评估方法简单，整改跟踪也不到位，责任主体不明且督促不力。所以，需优化人员专业结构，引入多元人才并培训现有人员，构建科学评估体系，定性定量结合评估风险，强化整改跟踪，明确责任并严格验收，从而提高审计质量与成果转化率。刘宁（2024）认为，高校经济责任审计在协同监督方面存在不足。内部审计部门与纪检监察、组织人事、财务等部门之间信息沟通不畅，缺乏常态化协同工作机制，难以形成监督合力。在面对复杂经济问题时，各部门各自为政，无法高效开展联合审查与问题整改。他提出，高校应建立经济责任审计协同监督平台，实现各部门信息实时共享；应制定协同监督工作细则，明确各部门在审计计划制定、审计实施、审计结果运用等阶段的职责分工与协作流程，并定期召开协同监督工作联席会议，共同商讨解决审计中的重大问题，提升审计监督效能。

（二）关于高校经济责任审计评价指标体系建立的研究

赵歌静（2018）提出构建高校中层干部经济责任审计评价指标体系的原则：要兼具全面性、定量与定性相结合、差异性、代表性。她认为，应当兼顾各类经费的特点，指标选取过程中应当突出体现经费使用绩效的指标，不要单纯堆砌数据。王强（2022）提出，评价指标体系要将定性与定量指标有机融合。定量指标如资产负债率、科研经费投入产出比等，能直观反映高校经济活动的量化成果；定性指标如内部控制制度的健全性与有效性、重大决策的民主性与科学性等，可对领导干部的管理行为和决策过程进行深入评价。二者相辅相成，可以使评价结果更全面客观。刘辉（2023）提出要构建科学、全面的高校经济责任审计评价指标体系。该体系不仅涵盖财务指标，还纳入学校发展战略、社会效益等非财务指标，从多个维度对领导干部经济责任履行情况进行评价，使审计结果更具综合性和指导性，为高校管理决策提供了有力支撑。王宁（2023）提到，在高校经济责任审计中，经济责任难以界定，分类评价指标缺失。一些审计人员对“党政同责、同责同审”存在理解误区，在对党委书记和行政领导审计时未根据职责差异各有侧重，导致党委书记职责宽泛、经济责任内容界定不明晰，进而评价界定不清、责任后果难以确定。同时，高校内部不同岗位的性质和资源掌控程度不同，但经济责任审计未建立分类评价机制，评价指标侧重于传统经济活动，缺乏高等教育的特色元素，绩效审计评价指标不具体。高校经济责任审计需明确不同岗位经济责任，构建分类评价指标体系，准确把握评价标准，以提升审计评价的科学性。

（三）关于高校经济责任审计结果运用的研究

王砚书、宋月美（2019）提出，高校经济责任审计结果未能有效利用的原因为审计模式不科学、审计制度有缺陷、审计机制不健全等。对此，他们提出加强高校对经济责任审计结果运用的建议：提高审计结果质量，重视审计结果运用；推行干部任期轮审，审计监督关口前移；建立健全相关制度，加大有效执行力度。赵亮（2021）认为，进一步推进高校经济责任审计结果公开透明，接受师生和社会监督，能增强高校管理的实效。公开审计结果，不仅对领导干部形成监督压力，促使其规范履职，还能推动高校及时整改问题，完善内部管理。周阳（2022）提出，要以绩效为导向运用审计结果，建立经济责任审计绩效评价指标体系，从经济效益、社会效益、管理效益等维度评价领导干部履职情况，将评价结果与干部奖惩挂钩，激励领导干部提高经济活动绩效，促进高校内涵式发展。赵刚（2024）认为，高校经济责任审计结果应深度融入干部考核评价体系，大幅提高其在干部考核中的权重。审计结果可作为干部选拔任用、考核评价、奖励惩处的关键依据，对经济责任履行出色的干部，在晋升、评优中优先考虑；对存在经济问题的干部，依规依纪严肃处理。这样可以激励干部积极履行经济责任，从而提升高校管理水平。

（四）其他关于高校经济责任审计的研究

吕燕（2017）提出了联席会议制度在高校经济责任审计工作中的重要意义：全面掌握信息，有效降低审计风险；提高审计权威性，有力保障审计结果运用；调动各方积极性，共同促进高校制度的建立和完善。对于充分发挥高校经济责任审计联席会议制度，她给出以下建议：对制度进行完善，对议事规则、工作机制相应细化；提高认识，加强对联席会议的监督和指导；强化组织，形成联席会议合力；明确职责，增强成员单位责任意识。安红（2018）提出了中医“治未病”思想对高校领导干部经济责任审计的启示：获得学校领导重视是基础、加强制度建设是前提、严格执行审计程序是保证、合理安排审计计划是中心、强化队伍建设是关键、发现问题正本清源是捷径。刘畅（2023）提出高校经济责任审计在与外部审计协同方面存在不足。内部审计与国家审计、社会审计之间缺乏有效的沟通与合作机制，未能充分借助外部审计力量提升审计质量。高校应加强与外部审计机构的交流合作，定期开展业务研讨活动，学习先进审计经验与技术方法。在重大审计项目中，可尝试引入外部审计，通过内外审计协同，发挥各自优势，拓宽审计监督广度与深度，提高高校经济责任审计的整体水平。张悦（2024）指出，高校经济责任审计存在审计范围过宽的问题。部分高校存在“逢离必审”误区，未将经济责任交接制度和年度报告制度作为现场进点审计的合理补充，也未建立健全审计对象分类管理制度。当前，经济责任审计工作仍以离任审计为主，任中审计比例不高，审计监督关口未能有效前移，难以做到早发现、早预警、早处置。针对这些问题，应合理界定审计范围，提高任中审计比例，构建科学的审计对象分类管理体系。

从以上对高校中层领导干部经济责任审计研究的文献来看，前人的研究确实丰富了我国高校中层领导干部经济责任审计方面的理论积淀，但是从内容上看又缺乏系统深入的研究，只有零散的一些研究成果，且很少有外部人员对高校经济责任审计进行案例分析和指导实践方面的研究，现有成果大多是高校内部负责经济责任审计的工作者在审计工作中总结出来的。目前，没有一套完整的、完善的、系统的关于高校中层领导干部经济责任审计的理论研究，也没有在全国高校都能够适用的审计操作规范，还缺乏完整的审计评价体系。因此，高校中层领导干部经济责任审计领域的研究还存在很大的空间，从具体操作层面提出问题与解决方案对高校中层领导干部经济责任审计进行案例研究也是很有必要的。

三、高校经济责任审计的定义和特点

（一）高校经济责任审计的定义

经济责任，是指领导干部任职期间，对其管辖范围内贯彻执行党和国家经济方针政策、决策部署，推动经济和社会事业发展，管理公共资金、国有资产、国有资源，防控重大经济风险等有关经济活动应当履行的职责。

经济责任审计是以党的政治思想为引领，对领导干部任职期间管理公共资金、国有资产、国有资源、防控重大经济风险等相关经济活动的履职情况作出评价和监督的行为。从审计的领域来看，经济责任审计和工程审计一样是审计的一个重要分支，是一种具有中国特色的审计方式。

高校经济责任审计，是指高校审计处依法依规对领导干部履行经济责任的情况进行监督、评价和建议的行为。高校经济责任审计按照审计对象不同分为高校党政主要领导干部的经济责任审计、高校二级单位处级领导干部的经济责任审计，前者一般是以上级审计机关为审计实施主体，后者一般是以高校内部审计部门为审计实施主体。

高校经济责任审计以促进领导干部推动学校及本部门高质量发展为目标，以领导干部任职期间本单位财务收支以及有关经济活动的真实、合法和绩效为基础，重点检查领导干部守法、守纪、守规、尽责情况，加强对领导干部权力行使的制约和监督，推动领导干部切实履行经济责任和党风廉政建设主体责任，助力学校治理体系和治理能力的现代化建设。

（二）高校经济责任审计的特点

从审计服务来看，高校经济责任审计具有高度的内部性。高校经济责任审计是由内部审计部门组织实施，并且一般在本单位主要负责人的领导下开展工作，对本单位负责。与外部审计相比，内部审计机构对高校情况和长远发展目标等比较了解，因此既可以进行深层次的审计，也可以为校领导和内部机构提供更具针对性的咨询服务和审计建议。

从审计地位来看，高校经济责任审计具有相对的独立性。与外部审计机构开展的经济责任审计类似，高校经济责任审计也必须具备独立性，在整个审计过程中必须客观、独立。然而，由于内部审计机构是单位的内设部门之一，审计人员也是内部员工，在某种程度上可能会受到一定制约。尤其是当国家利益与单位利益发生冲突时，内部审计人员可能会受本单位利益影响而作出偏离公共利益最大化的决策。

从审计范围来看，高校经济责任审计具有明显的广泛性。经济责任审计是一种全方位、综合性的审计，审计内容涉及各个部门财务收支的合规性、合法性、效益性，还要对领导干部在任职期间遵守法律法规和财务制度的情况作出评价，包括被审计对象在任职期间所在部门的资产管理情况、内部规章制度的执行情况、阶段工作完成情况、“三重一大”事项决策等内容。

从审计对象来看，高校经济责任审计具有较强的双重性。从高校经济责任审计的含义和内容来看，它既对人员进行审查，也对事项进行审核。因此，被审计对象包括学校财政收支、校办企业、基建部门以及院系的主要行政负责人或法定代表人，还包括这些部门或单位所从事的经济活动以及相应的经济责任。在实施高校经济责任审计时，需要将对事项的审核与对人员的审查相结合，根据审计事项发现的问题，最终确定他们承担的经济责任。

四、高校经济责任审计的目标和范围

（一）高校经济责任审计的目标

（1）评价经济责任履行情况：审计的首要目的是对高校领导干部在任期内的经济责任履行情况进行全面评价。这包括对高校财务收支的真实性、合法性、效益性进行审查，以及对领导干部在经济决策、管理、执行等方面的行为进行评价，确保其符合国家法律法规和高校内部规章制度。

（2）促进资产保值增值：通过经济责任审计，可以发现高校资产管理中存在的问题，如资产流失、浪费、闲置等现象，进而提出改进建议，促进高校资产的保值增值，确保国有资产的安全和完整。

（3）提高资金使用效率：通过经济责任审计，可以发现高校资金使用中的不合理、不规范现象，促使高校合理安排预算，优化资金配置，提高资金使用效率，确保资金发挥最大效益。

（4）规范经济活动：经济责任审计有助于规范高校的经济活动，防止和纠正各种违规违纪行为。通过审计，可以发现高校在经济活动中存在的问题，促使高校加强内部控制，完善管理制度，提高管理水平。

（5）强化责任意识：经济责任审计有助于强化高校领导干部的责任意识，使其在任职期间更加注重经济责任的履行，提高工作积极性和责任感，从而推动高校各项事业的健康发展。

（6）为干部考核提供依据：经济责任审计结果可以作为高校领导干部考核、任免、奖惩的重要依据。对领导干部经济责任履行情况的客观评价，有助于组织部门全面了解干部的工作表现，为干部选拔任用提供参考。

（7）防范化解风险：通过经济责任审计，可以及时发现高校在经济活动中存在的风险点，如财务风险、投资风险等，促使高校采取有效措施防范和化解各种风险，确保高校经济活动的稳定和可持续发展。

（8）促进廉政建设：经济责任审计有助于及时发现和纠正高校领导干部在经济活动中的不正之风和腐败行为，促进高校廉政建设，从而营造风清气正的校园环境。

（二）高校校属单位经济责任审计的范围

（1）学校直接任命或聘任的处级机构的正职领导干部、主持工作1年以上的副职领导干部。

（2）校领导兼任处级机构的正职领导干部且不实际履行经济责任时，实际负责本部门常务工作的副职领导干部。

（3）学校全资和控股的独立法人单位的实际负责人。

（4）学校认为有必要进行经济责任审计的其他领导干部。

五、高校经济责任审计的内容、程序和方法

（一）高校经济责任审计的内容

领导干部经济责任审计必须聚焦“经济责任”，即领导干部任职期间，对其管辖范围内贯彻执行党和国家经济方针政策、决策部署，推动经济和社会事业发展，管理公共资金、国有资产、国有资源，防控重大经济风险等有关经济活动应当履行的职责。实施审计时，应当以领导干部任职期间公共资金、国有资产、国有资源的管理、分配和使用为基础，以领导干部权力运行和责任落实情况为重点，充分考虑领导干部管理监督需要、履职特点和审计资源等因素，依法依规确定审计内容。

（1）党组织主要负责人应当履行的经济责任主要包括：

① 贯彻执行党和国家经济方针政策、决策部署，推动本单位科学发展；严格遵守上级和学校有关经济的法律法规和财经纪律，不得以任何理由与任何形式设置账外账、小金库。

② 根据学校中心工作和本单位职责，把握本单位工作方向，统筹制定本单位事业发展规划并推动其有效执行。

③ 严格执行“三重一大”集体决策制度，建立健全本单位集体领导、党政分工合作、协调运行工作机制，规范党委会、党政联席会议制度，完善议事决策规则和程序，坚持科学民主决策。

④ 研究本单位重要项目安排、人力资源配置和岗位设置、人事考核和绩效分配、经费预算、财务收支等重大经济事项，促进合理配置资源，发挥资源效益，实现任期经济责任目标。

⑤ 审议和督查本单位管理制度的建立和执行，督促本单位内部控制等管理制度的建立、完善和执行。

⑥ 管好用好党组织经费和其他分管的经费。

⑦ 落实中央八项规定精神，厉行节约，反对浪费。

⑧ 严格落实有关党风廉政建设责任制第一责任人职责，严格遵守领导干部廉洁从政有关规定。

⑨ 负责前任遗留问题和遗留事项的接续处理，负责以往审计、检查中发现问题的整改落实。

⑩ 国家和上级要求的其他应履行的经济责任。

（2）行政主要负责人应当履行的经济责任，主要包括：

① 贯彻执行党和国家经济方针政策、决策部署，推动本单位科学发展；严格遵守上级和学校有关经济法律法规和财经纪律，不得以任何理由与任何形式设置账外账、小金库。

② 根据学校事业发展规划、本单位职责，领导本单位制定具体措施和工作计划，推进事业发展，实现任期经济责任目标。

③ 严格执行“三重一大”集体决策制度，建立健全经济决策议事规则和程序，建立健全内部控制制度，坚持科学民主决策。

④ 主持本单位重要项目安排、经费预算方案、人力资源配置和岗位设置、人事考核和分配、办学条件改善等有关经济事项研究决策，统筹用好财政专项、校拨经费、自有资金及其他各类经济资源，提高使用效益，落实工作目标。

⑤ 认真执行各项财务制度，规范各类经济行为。加强预算管理，保证本单位所有收支均纳入预算；加强财务收支管理，保证财务收支合法合规；加强资金往来管理，做到应收尽收，及时清理本单位债权、债务，避免长期挂账。

⑥ 加强合同和授权管理。对学校授权签订的合同内容的合法、合规和效益性负责，不允许超授权额度直接签订合同；对本单位所有合同建立台账，并及时归档；通过必要的程序和方式明确授权事项、授权额度和被授权人，强化印章管理。

⑦ 加强资产管理，合理配置并有效使用。工程、货物、服务的采购严格执行国家和学校规定；固定资产按规定办理购置、使用、调拨、处置程序，定

期盘点，确保资产账账、账卡、账实相符，保障资产安全、完整；加强大型仪器设备开放共享，提高资产利用率和使用效益。

⑧ 落实中央八项规定精神，厉行节约，反对浪费。

⑨ 严格落实有关党风廉政建设第一责任人职责，严格遵守领导干部廉洁从政有关规定。

⑩ 负责前任遗留问题和遗留事项的接续处理，负责以往审计、检查中发现问题的整改落实。

⑪ 国家和上级要求的其他应履行的经济责任。

（3）校属企业主要负责人应当履行的经济责任，主要包括：

① 贯彻执行党和国家经济方针政策、决策部署，推动企业可持续发展；严格遵守上级和学校有关法律法规和财经纪律，不得以任何理由与任何形式设置账外账、小金库。

② 组织制定企业发展战略和规划，完成企业经营发展目标。

③ 建立健全企业重大经济决策制度并严格执行，坚持科学民主决策。

④ 完善企业法人治理结构，建立健全内部控制等管理制度并严格执行；加强对所投资企业的监管，保护本企业的合法权益。

⑤ 规范企业在重组改制、资本运作、产权交易、融资投资、对外担保、业务经营等方面的管理，有效防范和管控风险。

⑥ 加强企业财务收支管理，认真执行各项财务和会计制度，确保财务收支和资产负债损益的真实、合法和完整。

⑦ 加强对本企业资产、资源的管理，保证国有资产安全完整和保值增值，实现经营目标，确保及时足额返还学校垫付工资、上缴学校资源占用费和收益。

⑧ 落实中央八项规定精神，厉行节约反对浪费。

⑨ 严格履行有关党风廉政建设第一责任人职责，严格遵守领导干部廉洁从政有关规定。

⑩ 负责前任遗留问题和遗留事项的接续处理，负责以往审计、检查中发现问题的整改落实。

⑪ 国家和上级要求的其他应履行的经济责任。

（二）高校经济责任审计的程序

1.审计准备阶段

（1）接受组织部委托，审计处立项，成立审计组。

（2）审前调查，分析被审单位存在的风险点，编制审计实施方案、送达审计通知书。

（3）审计组公示审计项目名称、审计纪律要求和反映问题渠道等内容。

2.审计实施阶段

按审计内容实施审计，时间顺序可根据实际情况进行调整，审计内容可交叉进行。审计组在实施审计的过程中，发现方案不适应实际需要时，可以根据具体情况，按照规定及时调整。

（1）召开审计工作领导小组会议，审计处组成审计组与被审计领导干部及其所在单位（部门）有关人员、党委组织部，就本次审计工作召开审计进点见面会，安排经济责任审计工作有关事项。

（2）被审计领导干部及其所在单位（部门），以及其他有关单位根据审计通知书的要求，及时、准确、完整地提供审计资料，对所提供资料的真实性、合法性、完整性负责。

（3）审计工作组进入被审计单位，根据审计实施方案的要求开始实施现场审计工作。针对前述审计内容逐一进行检查，搜集整理审计证据，编写审计工作底稿和记录。采用审查、检查、分析、分析性复核和抽样调查等方法审查被审计单位提交的书面材料和其他必要的材料，对于被审计单位提供资料以外的审计证据，则主要通过访谈、盘点和抽凭等方法获取。同时，每日进行工作汇总，制订第二日工作计划。每周召开审计组会议，对发现的问题及时进行沟通，对重要的审计事项、工作底稿、证明材料、反馈意见等事项进行讨论定性。

3.审计报告阶段

（1）整理审计底稿，撰写审计报告初稿。

（2）书面征求被审计领导干部及所在单位（部门）对审计报告初稿的意见。

（3）根据被审计领导干部及所在单位（部门）反馈的书面意见，审计组进行研究和核实，并对审计报告进行必要的修改或者补充。

（4）审计处负责人对审计组提交的审计报告以及相关审计事项进行复核、

审理。

（5）将经过复核审理的审计报告报请审计工作主管校领导审批签发。

4.资料归档阶段

（1）将审计报告送达被审计领导干部及所在单位（部门）。审计处在经济责任审计报告基础上，精简提炼形成审计结果报告。经济责任审计报告、经济责任审计结果报告报送党委组织部，并根据工作需要送纪检监察部门等审计工作领导小组的成员单位。

（2）向被审计领导干部所在单位（部门）下达审计整改通知书，督促涉及单位（部门）在收到审计报告之日起60日内完成整改，并报送书面整改材料。审计处对整改情况进行跟踪检查。

（3）整理经济责任审计纸质版及电子版归档材料。

（三）高校经济责任审计的方法

（1）审计抽样法：审计组根据审计目标，选择具有代表性的样本进行审计，以提高审计效率。

（2）审计分析法：审计组运用财务报表分析、比率分析等方法，对被审计单位的经济活动进行分析，发现问题。

（3）审计调查法：审计组通过查阅资料、访谈相关人员等方式，了解被审计单位的经济责任履行情况。

（4）审计核实法：审计组根据审计发现，对相关问题进行核实，收集相关证据。

（5）审计评价法：审计组根据审计结论，对被审计单位的经济责任履行情况进行评价。

六、高校经济责任审计的意义

高校经济责任审计的实施既能够推动各级领导干部在高校任职期间严格履行自身职责并遵守法律规定，也能够利用审计手段来优化各项教育资源配置，提高高校资源的使用效益，促进高校构建系统的腐败预防整治体系，从而推动高校高质量发展。高校经济责任审计的意义主要体现在以下四个方面。

第一，有利于高校不断完善监督管理体制。当前，高校在开展教学科研工作中涉及的经济活动越来越复杂，只有有效监管才能在一定程度上避免高校发生腐败问题。经济责任审计能够综合评价领导干部的成绩并发现他们存在的问题，督促各级领导干部严格约束言行和履行岗位职责，避免高校运转中出现重大风险与损失。同时，经济责任审计结果也能够为高校各级干部的选拔考核等提供有效依据，增强高校人力资源管理的科学性和公信力。

第二，有利于丰富当前的审计理论和审计实务。是否具备科学完善的指标评价体系是衡量高校经济责任审计制度是否成熟的重要判断标准。高校只有建立了科学的评价体系，才能够在审计中对领导干部进行客观公正的综合评价。然而，当前国内高校经济责任审计理论发展起步较晚，对审计实务操作的指导性还不够强。因而加强高校经济责任审计能够不断丰富国内高校领导干部经济责任审计理论和实践。

第三，有利于推动高校管理水平的提升。经济责任审计的实施有助于高校及时发现财务收支、高校内部控制、预决算等方面存在的缺陷及不足，并及时采取措施来应对运转中存在的风险，同时督促高校领导干部不断改进自身管理和履职水平。高校借助审计活动能够引导各级领导干部加强对于岗位职责的认识，及时发现管理漏洞并不断提升自身专业能力，从而不断优化高校管理成效。

第四，有利于加强高校廉政建设。当前国内高等教育的蓬勃发展让高校获得了更大规模的资金投入，而这也引发了部分高校领导干部的贪污腐败问题。高校腐败案件的发生，不仅直接危害我国高等教育质量，也会在社会上造成不良影响。究其原因，就是对高校各级领导干部的监督管理还不到位。高校通过加强对领导干部的经济责任审计，既能够及时查处领导干部的腐败问题，督促各级领导干部时刻守住廉洁底线，也能够动员社会力量加强对高校廉政建设的监督，进而更加有效地遏制高校腐败问题的发生。

第二节　高校经济责任审计的现状呈现

一、审计工作逐步走向规范化

在现代高等教育管理体系中，高校经济责任审计的规范化进程正持续推进。国家层面，相关部门持续完善法律法规框架，为高校经济责任审计提供宏观指导。例如，《审计署关于内部审计工作的规定》等文件的出台，明确了内部审计包括经济责任审计的职责权限、程序方法等基本要求。地方教育主管部门则结合区域高校特点，进一步细化政策法规，加强对本地区高校审计工作的监督管理。

各高校积极响应国家和地方要求，纷纷制定内部经济责任审计实施细则。在审计范围界定上，除了涵盖校级领导干部，还逐步延伸至二级学院院长、系主任、职能部门负责人等关键岗位，明确不同层级领导干部在经济管理活动中的责任边界。以某综合性大学为例，其规定凡是涉及学校资金、资产、资源管理和使用的部门负责人，在其任期届满或岗位变动时均需接受经济责任审计；在其任期内，根据工作需要也可开展专项审计。

审计程序方面，从审计立项开始，高校就严格遵循规定流程。首先，依据干部管理部门的委托或年度审计计划确定审计项目，成立审计组并开展审前调查。审前准备工作细致入微，审计组会深入了解被审计单位或领导干部的基本情况，包括机构设置、职责分工、财务状况、内部控制制度等，同时收集相关政策法规、财务报表、会议纪要等资料，为现场审计奠定坚实基础。例如，在对某高校二级学院院长的经济责任审计前，审计组详细查阅了学院近三年的教学科研经费收支明细、设备采购合同、人才引进政策文件以及学院党政联席会议纪要等资料，旨在全面掌握学院的经济运行状况和重大经济决策过程。

现场审计过程中，审计人员会采用多种审计方法，如审阅账目凭证、核对财务数据、实地盘点资产、调查询问相关人员等，对被审计对象在经济决策、财务收支、资产管理、内部控制等方面的履职情况进行全面审查。在审计某高校后勤部门负责人时，审计人员不仅对后勤财务账目进行了仔细核对，还实地查看了学生食堂、宿舍等后勤设施的资产状况，询问了食堂工作人员、宿舍管理员以及学生代表对后勤服务及相关经济管理活动的意见和建议，确保审计证据的充分性和可靠性。

审计报告阶段，高校审计部门依据现场审计结果，客观公正地撰写审计报告。报告内容包括审计基本情况、被审计领导干部的经济责任履行情况评价、审计发现的问题及处理建议等。审计评价遵循实事求是、客观公正的原则，以事实为依据，以法律法规和政策制度为准绳，准确界定被审计领导干部的经济责任。例如，在评价某高校科研部门负责人的经济责任时，审计人员综合考虑了其在科研项目申报组织、经费管理使用、科研成果转化等方面的工作成效以及存在的问题，既肯定了其在推动科研团队建设和科研经费增长方面的积极贡献，又指出了其在个别科研项目经费支出审核把关环节存在的不足，并提出了相应的整改建议。

在组织架构方面，高校普遍设立了专门的审计部门或岗位，如审计处、审计科等，并配备了一定数量的专业审计人员。部分规模较大的高校还建立了审计工作领导小组，由校长或分管副校长担任组长，成员包括组织人事、纪检监察、财务、审计等部门负责人。审计工作领导小组定期召开会议，研究部署审计工作重大事项，加强对审计工作的统筹协调与指导。例如，某高校审计工作领导小组在每年年初制订审计工作年度计划时，会充分听取各成员部门的意见和建议，结合学校当年的中心工作和重点任务，确定审计项目的优先顺序和资源配置方案，确保审计工作与学校整体发展战略相契合，保障审计工作在规范的框架内有序开展。

二、审计范围不断拓展与深化

随着高校经济活动的日益复杂多样，高校经济责任审计范围经历了从传统到现代、从单一到多元的深刻转变。传统的财务收支审计已无法满足高校治理的需求，如今审计范围广泛覆盖了高校经济管理的多个关键领域。

在重大经济决策审计领域，审计人员深入探究决策过程的各个环节。对于高校的基建项目投资决策，审计要追溯到项目的前期规划阶段，审查是否进行了充分的项目可行性研究，包括对项目选址、建设规模、投资预算、预期效益等方面的分析是否科学合理。例如，在某高校新校区建设项目审计中，审计人员发现该项目在前期规划时未充分考虑当地的地质条件和交通状况，导致后期施工过程中出现了大量的工程变更和额外费用支出，影响了项目的进度和投资效益。同时，审计还关注决策程序的合规性，检查是否遵循了学校规定的决策流程，是否经过相关会议的讨论审议，如校长办公会、党委常委会等，以及决策过程中是否充分征求了专家意见、师生员工的建议等。在决策实施后的效果与影响评估方面，审计人员通过对比实际建设成果与预期目标，分析项目在建成后的使用效益，如教学设施的利用率、学生的满意度等，综合评价决策的科学性和合理性。

专项资金管理审计也是高校经济责任审计的重点内容之一。高校的专项资金来源广泛，包括政府专项拨款、科研项目经费、社会捐赠资金等。审计人员需针对不同类型的专项资金，重点审查其是否做到专款专用，资金使用是否符合项目申报时的预算安排和相关规定。例如，在对某高校的国家自然科学基金项目经费审计中，审计人员详细核对了经费支出明细，发现部分项目存在将科研设备购置经费用于与项目研究无关的办公用品采购的情况，违反了科研经费管理规定。同时，审计还关注专项资金的管理效率，评估资金是否及时足额到位、是否存在闲置浪费现象等。在对某高校的一项省级教学改革专项资金审计中，审计人员发现由于项目申报与资金下达之间存在时间差，加上学校相关部门之间沟通协调不畅，导致部分资金在账上闲置长达半年之久，未能及时投入教学改革项目中，影响了项目的实施进度和效果。

资产管理审计涵盖了高校的固定资产、流动资产和无形资产。对于固定资产，审计从资产的购置环节入手，审查是否按照学校规定的采购程序进行，如是否进行了公开招标、竞争性谈判，采购价格是否合理等。在资产使用过程中，检查是否建立了资产管理制度，资产的日常维护和管理是否到位，是否存在资产闲置浪费或被侵占挪用的情况。例如，某高校在资产清查审计中发现，部分教学实验室由于缺乏专业的维护人员和必要的维护经费，导致设备故障率较高、使用率低下，影响了教学科研工作的正常开展。在资产处置环节，审计重点关注是否经过合法的评估和审批程序，资产处置收入是否及时足额入账。对于无形资产，如高校的专利技术、品牌价值等，审计人员重点审查其管理和使用是否规范，在技术转让、合作办学等过程中是否充分考虑了无形资产的价值，保障了学校的合法权益。

科研经费使用审计在当前高校经济责任审计中占据着重要地位。审计不仅关注经费的支出明细是否符合规定，还深入探究科研项目预算编制的合理性。审计人员会根据科研项目的研究目标、研究内容和预期成果，评估预算编制中人员经费、设备购置经费、实验材料费、差旅费等各项费用的分配是否科学合理。例如，在对某高校的一项重大科研项目审计中，审计人员发现该项目预算编制中人员经费占比过高，而实验材料和设备购置经费相对不足，导致项目在实施过程中面临实验设备老化、实验材料短缺等问题，影响了研究进度。同时，审计还关注经费使用与科研目标的匹配度，检查经费是否真正用于与科研项目相关的活动，以及科研成果转化过程中的经济行为合规性。在对某高校的一些科研成果转化项目审计中，审计人员发现部分项目存在科研成果低价转让、转让收益分配不合理等问题，损害了学校和科研人员的利益。

这种拓展与深化的审计范围有助于更全面地评价高校领导干部在经济管理活动中的履职情况，可以从多个维度揭示高校经济运行中的问题和风险，从而为高校加强内部治理、提高经济管理水平提供有力的支持。

三、审计技术方法有所创新

在信息技术飞速发展的时代背景下，高校经济责任审计积极引入先进技术，推动审计技术方法的革新，以适应日益增长的审计需求和复杂多变的审计环境。

计算机辅助审计技术的普及，使得高校审计部门开始广泛采用专业的计算机辅助审计软件。这些软件能够高效地处理财务和业务数据，虽然它们尚未完全替代传统手工核对，但已经显著减轻了审计人员的工作负担。以高校固定资产账目审计为例，计算机辅助审计软件能够初步关联并分析购置发票、入库单等数据，帮助审计人员快速定位潜在问题区域。通过人工复核，审计人员能够更高效地发现账实不符、资产闲置浪费或违规处置等问题。一些功能强大的软件甚至可以通过设定筛选条件，自动识别长期未使用、已报废但未核销的固定资产记录，从而显著提升审计工作的精准度。

联网审计技术在部分高校中也得到了试点应用。一些信息化基础较好的高校已经建立了内部审计网络平台，并与校内财务、资产管理、科研管理等主要部门的信息系统实现了互联互通。通过联网审计系统，审计人员能够获取关键的财务收支数据和预算执行数据。在预算执行审计中，审计人员可以利用联网审计系统跟踪各部门预算执行的进度，一旦发现支出进度异常或疑似违规支出项目，便能及时提醒相关部门进行核实。这种模式在一定程度上实现了事中监督，为高校资金使用安全提供了保障。尽管如此，联网审计模式尚未在所有高校全面铺开，仍需进一步完善和推广。

远程审计与在线审计技术在高校跨地域办学和合作项目中也得到了应用。随着高校跨地域办学和合作项目的增多，部分高校开始对异地分支机构或合作项目实施远程审计与在线审计。例如，当某高校在外地设有分校或与其他高校、企业开展联合办学、科研合作项目时，审计人员可以利用网络技术，通过远程审计系统获取相关项目的财务数据、业务资料等审计证据，并在线查看项目进展、合同执行情况等。尽管目前远程审计与在线审计受到网络安全、数据传输稳定性等因素的限制，无法实现完全实时、全方位的监督，但它们已经在一定程度上解决了因空间距离带来的审计不便问题，提高了审计工作的及时性和灵活性，降低了部分审计成本。

四、审计结果运用得到重视

高校经济责任审计结果的有效运用是审计工作的核心价值体现，近年来，高校在这方面逐渐形成共识，并采取了一系列积极有效的措施。

在干部管理方面，审计结果已成为领导干部考核、任免、奖惩的重要参考依据之一。高校组织人事部门在制定干部考核评价体系时，充分考虑审计部门提供的经济责任审计报告。对于在审计中发现的履职表现优秀、经济管理成效显著的干部，在职务晋升、评优评先等方面予以优先考虑。例如，某高校在选拔中层干部时，对一位在原岗位上经济责任审计结果良好，在财务管理、资产运营等方面表现出色的二级学院副院长给予了重点关注，并最终提拔其担任院长职务。反之，对于存在违规违纪行为或经济管理不善的干部，则依据情节轻重进行相应的处理。对于情节较轻的，如对存在财务管理不规范、内部控制执行不到位等问题的干部，组织人事部门进行诫勉谈话，要求其限期整改，并在一定时期内对其职务晋升、评优评先等进行限制；对于情节严重的，如对存在贪污受贿、挪用公款等违法犯罪行为的干部，则坚决依法移送司法机关处理，并按照党纪国法给予相应的党纪政纪处分，同时在全校范围内进行通报批评，以起到警示作用。

在内部管理改进方面，审计结果被广泛用于发现高校内部管理体制机制存在的漏洞与缺陷，成为推动高校内部改革和管理创新的重要动力源泉。相关部门根据审计建议制定整改措施，完善内部控制制度，优化资源配置，提升管理效能。例如，某高校根据审计发现的资产管理混乱问题，全面梳理资产管理制度。首先，建立了资产信息化管理平台，将全校的固定资产、流动资产和无形资产信息全部录入平台，实现了资产的信息化、动态化管理。通过平台，资产管理人员可以实时掌握资产的购置、使用、维护、处置等情况，提高了资产日常管理的效率和准确性。其次，完善了资产购置审批流程，加强了对资产购置必要性、合理性的论证审核，防止了盲目采购和重复购置现象的发生。同时，规范了资产处置程序，明确了资产处置评估、审批、公开拍卖等环节的操作要求，确保资产处置合法合规，从而实现资产价值最大化。最后，加强了对资产管理人员的培训，以提高其业务素质和责任意识，进而有效提高了资产的使用效率和安全性。

高校还注重对审计结果的反馈与沟通。审计部门在完成审计报告后，及时向被审计领导干部及其所在单位反馈审计结果，要求其在规定时间内提出整改措施和整改计划，并定期跟踪整改情况。同时，审计部门要向学校领导班子汇报审计结果，从而为学校领导决策提供参考。例如，某高校审计部门在完成对后勤部门负责人的经济责任审计后，向后勤部门详细反馈了审计发现的问题，如食堂物资采购成本过高、宿舍维修经费使用效率低下等，并提出了相应的整改建议。后勤部门根据审计反馈意见，迅速制定了整改措施，包括优化物资采购渠道、加强供应商管理、建立宿舍维修经费绩效考核机制等，并定期向审计部门汇报整改情况。学校领导班子在听取审计结果汇报后，针对后勤管理中存在的问题研究制定了全校后勤管理体制改革方案，进一步优化了后勤资源配置，提高了后勤服务质量和管理水平。

综上所述，高校经济责任审计在制度建设、审计范围、审计技术方法以及审计结果运用等方面都取得了显著的进展，逐步走向规范化、科学化、现代化。然而，高校经济责任审计在发展过程中也不可避免地面临着一些问题和挑战，如审计理念相对滞后、审计计划缺乏系统性与前瞻性、审计评价体系不够科学合理等，这些问题需要在后续的审计实践中不断加以解决，以推动高校经济责任审计工作持续健康发展。

第三节　高校经济责任审计现存的问题剖析

一、审计理念相对滞后

部分高校经济责任审计仍深陷传统合规性审计的框架内，过度聚焦于财务数据的真实性与经济活动的合法性审查。这种审计模式在一定程度上保障了高校经济活动的基本秩序，但忽略了高校作为知识创新与人才培养高地的战略目标特性。在新时代背景下，高校面临着激烈的竞争环境，需要通过明确且合理的战略规划来实现可持续发展。经济责任审计本应成为推动高校战略落地的重要助力，而现实情况却不尽如人意。例如，在审计实践中，较少关注高校的学科建设投入是否与学校的长期发展战略相契合。一所立志于打造国际一流学科的高校，在学科建设资金投入上，不仅要考量资金的合规使用，还应评估投入方向是否精准匹配学科发展重点。若审计仅停留在资金支出是否符合财务制度层面，而忽视对学科建设成效与战略目标关联度的审视，就无法为高校的学科发展战略提供有效反馈。又如，人才培养是高校的核心使命，人才培养成本与效益之间的关系是否合理是衡量高校教育资源配置效率的关键指标。传统审计对这一深层次问题往往缺乏足够关注，未能从人才培养质量提升、就业竞争力增强等多维度去综合评估成本投入的效益，使得审计难以在高校人才培养战略优化中发挥建设性作用。这种滞后的审计理念严重束缚了经济责任审计功能的全面发挥，使其难以适应新时代高校快速发展的需求，无法为高校治理提供前瞻性、决策支持性的审计服务。

二、审计计划缺乏系统性与前瞻性

高校经济责任审计计划在制订过程中暴露出诸多短板，突出表现为缺乏整体规划和长远考虑。一方面，未能充分结合高校的发展战略、组织架构调整以及领导干部的任期特点等关键因素进行统筹安排。高校发展战略涵盖学科建设、科研创新、人才培养等多个方面，每一项战略举措的实施都伴随着相应的经济活动。若审计计划未能紧密围绕这些战略重点，审计工作就会与高校实际工作重点脱节。例如，新开展的重大科研项目往往涉及巨额资金投入、复杂的科研流程以及较高的风险系数。如果审计计划未能及时将其纳入，在项目实施过程中就难以进行有效的审计监督，项目可能出现资金使用不规范、科研进度滞后、成果转化受阻等问题。而审计部门由于未能提前介入，无法及时发现并纠正这些潜在风险，最终可能导致项目失败，造成资源浪费。再如，在高校组织架构调整时，部门职责、人员配置以及经济业务范围都会发生变化。审计计划若不能同步跟进，就无法对调整后的经济活动进行有效监督，容易出现管理漏洞。另一方面，审计计划的灵活性严重不足。高校所处的内外部环境复杂多变，政策调整、机构改革或突发事件等时有发生。一旦出现这些情况，现有的审计计划往往不能及时作出相应的调整与优化。例如，国家出台新的教育经费管理政策，要求高校对特定项目经费使用进行专项审计。若审计计划缺乏灵活性，就无法迅速响应这一政策变化，导致审计工作的及时性和有效性大打折扣，无法满足高校应对政策调整的需求。

三、审计评价体系不够科学合理

目前，高校经济责任审计评价体系存在诸多缺陷，严重影响着审计评价的全面性、客观性与说服力。一是评价指标不够全面。现有的评价体系过度侧重财务指标，而对非财务指标关注不足。在高校管理中，领导干部的管理创新能力、团队建设成效、社会责任履行情况等非财务因素对高校发展同样起着至关重要的作用。以科研部门领导为例，仅以科研经费到账金额和支出进度来评价其经济责任履行情况，远远无法全面反映其贡献。如科研团队培育需要长期投入精力，而良好的科研氛围营造有助于激发科研人员的创新活力，科研成果的社会影响力更是高校社会价值的重要体现。而这些关键因素在现有的评价体系中被忽视，使得评价结果失之偏颇。二是评价标准不够明确统一。不同审计人员对相同或相似审计事项的评价可能存在较大差异。由于缺乏明确统一的评价标准，审计人员在判断审计事项时往往依据个人经验和主观认知，这就导致审计评价结果缺乏客观性和可比性。例如，在评价高校固定资产管理绩效时，对于资产利用率的衡量，不同审计人员可能会采用不同的计算方法和判断依据，使得同一高校不同年份或不同高校之间的固定资产管理评价结果难以进行有效对比。此外，审计评价过程中定性分析与定量分析未能有效结合。目前多以定性评价为主，定量分析不足。定性评价虽然能够对审计事项进行总体描述，但缺乏精确的数据支撑，使得审计评价结论缺乏说服力。在评价高校后勤服务部门的经济责任时，若仅定性描述其服务质量“良好”或“一般”，而没有通过量化指标如服务满意度调查得分、成本控制率等进行佐证，就难以准确评估其工作成效。

四、审计人员专业素质难以满足需求

随着高校经济责任审计范围的不断拓展和技术方法的日益创新，审计人员的专业素质面临着前所未有的高要求。然而，当前高校审计人员的专业结构和能力水平存在明显短板。一方面，多数审计人员仅具有财务审计专业背景，对工程建设、信息技术、教育管理等领域的专业知识和技能较为欠缺。高校的经济活动日益复杂，涉及多学科交叉。以高校复杂的信息系统建设项目审计为例，此类项目不仅包含硬件设备采购、软件开发等常规经济活动，还涉及技术架构设计、系统安全防护等专业技术层面的内容。缺乏信息技术专业知识的审计人员，难以准确评估项目的技术可行性、安全性以及投资效益。在审计过程中，可能无法识别系统设计缺陷、数据安全漏洞等关键问题，导致审计工作浮于表面，无法发现项目潜在的风险。另一方面，在新质生产力驱动下，人工智能、区块链、量子科技等新兴技术和产业模式逐渐渗透到高校经济活动中，但审计人员对这些新兴技术和产业模式了解甚少，对其在高校经济活动中的应用所带来的审计风险与机遇认识不足。例如，区块链技术在高校科研经费管理中的应用，虽然能够提高经费使用的透明度和安全性，但也带来了智能合约审计、数据存储与共享安全等新的审计挑战。审计人员若不及时更新知识结构，提升对新兴技术的理解和应用能力，就难以适应新质生产力驱动下高校经济责任审计数智化转型的要求，无法为高校经济活动提供全面、专业的审计服务。

五、审计数据质量与安全面临挑战

在高校经济责任审计过程中，审计数据的质量和安全成为制约审计工作成效的关键问题。一方面，高校内部各部门信息系统众多，数据来源广泛且格式多样，数据标准不统一。财务系统、资产管理系统、科研管理系统等各自为政，使数据采集面临诸多困难。采集到的数据可能存在不准确、不完整、不及时等问题，严重影响审计分析的准确性和有效性。财务系统与资产管理系统的数据可能因更新时间不同步而出现账实不符的情况，在资产清查工作中，审计人员依据这样不准确的数据进行判断，就可能得出错误的审计结论。在科研管理系统中，若对科研项目进度的记录不及时、不完整，审计人员便无法准确评估科研项目的资金使用效率和绩效。另一方面，随着数据的高度汇聚和频繁交互，数据安全风险显著增加。高校审计数据涉及大量敏感信息，如师生个人隐私、科研机密、财务数据等。若数据存储、传输和使用过程中的安全防护措施不到位，极易遭受数据泄露、篡改、恶意攻击等安全威胁。一旦发生数据安全事件，不仅会损害高校的声誉和利益，还可能引发法律纠纷。如果黑客攻击高校审计数据库，窃取师生个人信息并在网络上售卖，将对师生的个人权益造成严重侵害，同时也会使高校面临法律诉讼风险，会对高校的社会形象产生负面影响。

六、审计协同机制尚未有效建立

高校经济责任审计涉及多个部门和多个环节，需要建立紧密有效的协同机制来保障审计工作的顺利开展。然而，目前高校内部审计与组织人事、纪检监察、财务、资产管理等部门之间的协同合作还存在诸多问题，如各部门之间信息共享不充分、沟通协调不畅、各自为政。组织人事部门在干部选拔任用过程中，若未及时将干部任职信息、岗位职责调整等关键信息告知审计部门，审计部门就无法提前规划相应的经济责任审计工作，导致审计计划安排滞后。纪检监察部门在发现经济违规线索后，若未及时与审计部门联动开展调查，而是各自独立行动，不仅会浪费人力、物力资源，还会影响案件的查处效率，无法形成有效的监督合力。此外，高校与外部审计机构、行业监管部门之间的协同合作也较为薄弱。在应对跨区域、跨行业的复杂审计问题时，缺乏常态化的交流与合作机制。例如，高校参与国际科研合作项目时，涉及不同国家和地区的法律法规、财务制度以及审计标准，若高校内部审计部门无法与外部审计机构、行业监管部门协同合作，就难以对这类复杂项目进行全面、深入的审计监督，无法有效防范国际合作中的经济风险。

综上所述，高校经济责任审计在取得一定发展成果的同时，也面临着诸多亟待解决的问题。深入剖析这些问题的根源，探索有效的解决路径，对于推动高校经济责任审计在新质生产力驱动下实现数智化转型，提升高校内部治理水平和经济管理效能具有极为重要的意义。

第三章　新质生产力驱动下高校经济责任审计数智化转型的必要性

21 世纪以来，全球技术革新浪潮推动经济社会结构深度重构。以谷歌、微软及 BAT 为代表的科技巨头通过大数据、人工智能、RPA 等技术完成数智化蜕变，这种转型效应已渗透至审计领域。审计行业在经历计算机审计、信息化审计的演进后，正步入以数据智能为核心的“审计 4.0”时代。对于承担着教育经费监管、国有资产保值增值等核心职责的高校经济责任审计而言，进行数智化转型不仅是技术升级的需要，还是履行公共受托责任的必然之举。

从政策导向来看，教育部 2020 年发布的《教育系统内部审计工作规定》（教育部令第 47 号）提出，内部审计机构应当运用现代审计理念和方法，坚持风险和问题导向，优化审计业务组织方式，加强审计信息化建设，全面提高审计效率。中央审计委员会办公室、审计署 2021 年印发的《“十四五”国家审计工作发展规划》中明确提到了“科技强审”。规划指出，要全面贯彻落实习近平总书记关于科技强审的要求，加强审计技术方法创新，充分运用现代信息技术开展审计，提高审计质量和效率。这种政策导向与高校审计业务复杂性形成强烈共振：近年来高校审计项目涉及资金规模持续攀升，较十年前已实现显著增长，而同期审计人员队伍规模增长相对缓慢，传统人工审计模式已难以应对激增的财务数据量和多维度的风险管理需求。

从技术赋能来看，数智化技术为高校审计带来三重变革动能：其一，在审计模式层面，区块链技术可实现财务数据的全程溯源与不可篡改，能有效解决高校基建项目、科研经费等跨年度审计中的信任难题，部分高校已探索将技术应用于经费监管，通过规则预设实现异常操作的及时提示。其二，在方法论创新方面，自然语言处理技术可解析非结构化数据，突破传统审计仅关注结构化财务数据的局限，高校通过对合同文本、审批文件等语义分析，能更全面识别潜在风险。其三，流程再造维度，RPA 与机器学习结合形成的智能审计工作流，可大幅缩短预算执行审计周期，在提升效率的同时降低人为误差，已成为高校审计数字化转型的重要实践方向。

从行业实践来看，四大会计师事务所的实践更具行业启示：德勤“小勤人”基于 RPA 技术，自动化处理审计中数据采集、凭证核对等重复性工作，减少了误差并显著提升了效率。安永玄策数智风控平台集成智能技术，通过挖掘多源数据关联，在供应链审计等领域精准识别潜在风险。毕马威数字化风险管理系统依托实时数据与算法模型，构建全流程风险防控机制，采用“事前预防”理念助力关键环节风险预警。普华永道生成式 AI 工具可高效解析审计文档、定位风险点，为文书审核智能化提供路径。这些实践印证了数智化技术对提升审计效率、强化风险预警的作用，为高校审计数字化转型指明了方向。

从治理价值来看，数智化转型实质上是高校治理能力现代化的具象化呈现。通过构建“数据采集—智能分析—风险预警—整改跟踪”的闭环审计体系，不仅能提升问题发现效率，还能形成覆盖“决策—执行—监督”全链条的智能治理生态。当审计机器人实时监控预算执行、机器学习模型动态评估经济责任履行、数字孪生技术模拟重大决策风险时，高校经济责任审计便可以从“事后鉴证”转向“事前预防”，真正成为新质生产力在教育治理领域的创新实践。

第一节　契合新时代高校发展战略布局

一、适配高校多元化发展路径

（一）科研创新驱动下的资金管理挑战

随着高校对科研创新的重视程度与日俱增，科研项目数量与资金规模呈现爆发式增长。以某重点高校为例，近五年，科研项目经费从每年2亿元激增至5亿元，涵盖基础研究、应用开发、产学研合作等多种类型。这些科研资金来源广泛，包括政府专项拨款、企业合作经费、社会捐赠等。不同来源的资金有着不同的管理要求与使用规范，使资金管理难度大幅提升。例如，政府科研项目可能对经费使用范围和预算调整有着严格限制，而企业合作项目则更注重成果转化与经济效益。传统审计模式难以对如此复杂且多元的科研资金进行全面、细致的审查，无法及时发现资金使用过程中的潜在风险与违规行为。数智化审计能够借助大数据分析技术，整合各类科研资金数据，实时监控资金流向与使用情况，精准识别异常支出，确保科研资金合规、高效使用，为高校科研创新发展提供有力保障。具体而言，在政府科研项目经费审计中，数智化审计系统可通过设定详细的经费使用规则，如人员费用、设备购置费用等各科目占比范围，对每一笔支出进行实时比对。系统一旦发现某笔设备购置费用超出预算比例，立即发出预警。审计人员可迅速介入调查，核实是否存在违规挪用或不合理采购情况。对于企业合作项目，数智化审计不仅关注资金使用的合规性，还能通过分析市场数据、行业动态等外部信息，评估成果转化的预期效益，判断企业投入资金是否得到合理利用，为高校科研项目与企业合作的可持续发展提供专业建议。

（二）国际化办学进程中的经济活动复杂性

高校国际化办学步伐不断加快，国际交流合作项目如雨后春笋般涌现，包括学生交换、教师互访、联合科研、国际办学机构设立等。这些活动涉及不同国家的法律法规、财务制度与货币汇率等复杂因素。比如，在与国外高校开展联合科研项目时，需要考虑双方科研经费的匹配、分摊以及知识产权归属等经济问题；在国际学生交换项目中，涉及学费减免、奖学金发放等财务事项，不同国家货币汇率波动也会对财务核算产生影响。传统审计模式在面对这些跨国经济活动时，由于信息获取渠道有限、审计手段单一，往往难以准确把握风险点，无法有效监督经济活动的合规性与效益性。数智化审计通过构建国际化审计数据平台，实时收集和分析国际经济数据，利用人工智能算法评估汇率风险、识别国际财务制度差异，为高校国际化办学提供全方位的审计支持，助力高校在国际舞台上稳健发展。以联合科研项目为例，数智化审计平台可与国外合作高校的财务系统进行数据对接（在符合双方数据安全与隐私保护规定的前提下），实时获取双方科研经费的使用明细，通过人工智能算法对双方经费使用情况进行对比分析，检查是否存在不合理的分摊或违规支出。同时，利用大数据分析技术收集国际科研领域的市场行情、同类项目的经费标准等信息，可为判断联合科研项目经费的合理性提供参考。在应对汇率风险方面，数智化审计系统实时跟踪汇率波动情况，根据项目涉及的货币种类和资金流动时间，预测汇率变化对项目成本和收益的影响，提前为高校提供风险预警和应对策略的建议。

（三）社会服务拓展引发的经济业务多样性

高校积极拓展社会服务领域，开展了诸如技术转让、咨询服务、继续教育、校办企业运营等多种经济业务。以技术转让为例，高校将研发的新技术、新产品推向市场，涉及技术定价、合同签订、收益分配等复杂经济环节。不同类型的社会服务业务具有独特的经济特征与管理要求，传统审计模式难以适应这种多样性。数智化审计可以运用区块链技术确保技术转让过程中数据的真实性与不可篡改，同时利用大数据分析评估技术定价的合理性，为高校社会服务业务的规范开展提供精准审计服务，促进高校社会服务功能的有效发挥。在技术转让业务审计中，区块链技术可记录技术从研发到转让的全过程信息，包括技术研发投入、参与人员、技术成果评估等，确保这些信息真实可靠且不可篡改。大数据分析则可通过收集同行业类似技术的转让价格、市场需求情况、应用前景等数据，为高校技术定价提供参考依据，判断技术转让价格是否合理。同时，数智化审计还能对技术转让合同的条款进行详细审查，利用自然语言处理技术分析合同中关于知识产权归属、收益分配方式、违约责任等关键条款，确保高校在技术转让过程中的合法权益得到充分保障。

二、顺应高校战略规划调整

（一）长期战略规划下的资源配置审计需求

高校的长期战略规划通常涵盖学科建设、人才培养、校园建设等多个方面，资源配置需与之紧密匹配。例如，在学科建设方面，高校计划在未来十年内重点发展若干优势学科，需要投入大量资金用于人才引进、科研设备购置、实验室建设等。数智化审计能够通过对历史数据和未来规划的分析，评估资源配置的合理性，预测资源需求，及时发现资源浪费或短缺现象，为高校长期战略规划的实施提供资源配置优化建议，确保有限资源得到高效利用，推动高校长期战略目标的实现。数智化审计借助数据分析模型，对各学科历年的资源投入与产出数据进行深度挖掘。例如，分析科研经费投入与科研成果数量、质量之间的关系，师资引进投入与学科排名提升的关联等。通过这些分析，评估当前资源配置是否合理，哪些学科在资源利用上存在不足或潜力。同时，结合高校的长期战略规划目标，如学科在国内或国际上的排名提升目标、科研成果转化目标等，预测未来各学科的资源需求。对于资源浪费或短缺的情况，数智化审计可精准定位问题所在，如某些学科设备购置重复或闲置，某些新兴学科因资金不足发展受限等，并提出针对性的优化建议，如调整设备采购计划、重新分配学科建设资金等，助力高校在长期战略规划下实现资源的最优配置。

（二）短期战略目标执行的动态审计监督

除了长期战略规划，高校每年都会制定短期战略目标，如年度科研成果产出指标、教学质量提升目标等。在实现这些短期目标的过程中，经济活动频繁且复杂。数智化审计的实时监控功能可以对短期战略目标执行过程中的经济活动进行动态跟踪审计，及时发现偏离目标的经济行为，督促相关部门及时调整，保障短期战略目标的顺利实现。数智化审计系统与高校各业务系统实时连接，实时采集经济活动数据。以年度科研成果产出目标为例，系统可以实时监测科研项目的经费使用进度、科研人员的工作投入时间等关键指标。一旦发现某个科研项目经费使用进度过快，而成果产出进度滞后，系统会自动发出预警信号，提醒审计人员和相关部门关注。审计人员可进一步深入调查，分析是因为项目管理不善导致经费浪费，还是因为项目遇到技术难题需要额外资金支持，从而协助相关部门制定合理的调整措施，确保科研项目在预算范围内按时完成，实现年度科研成果产出目标。同样，对于教学质量提升目标相关的经济活动，如教学设备采购、教师培训经费使用等，数智化审计也能实时监控，保障教学资源的合理利用和教学质量提升目标的达成。

第二节　摆脱审计效率与质量困境

一、突破传统审计效率瓶颈

（一）海量数据处理的效率提升

高校经济活动产生的数据量庞大，涵盖财务、资产、人事、教学、科研等各个领域。以财务数据为例，一所中等规模高校每年的财务报销凭证可达数十万份，加上资产变动记录、科研项目数据等，数据量呈指数级增长。传统审计依靠人工逐份查阅凭证、手工录入数据进行分析，效率极低。数智化审计借助大数据采集技术，能够自动从各类业务系统中抓取数据，并利用云计算强大的计算能力进行快速处理与分析。例如，通过数据挖掘算法对财务报销数据进行批量筛选，瞬间就能找出报销金额异常、报销频率过高的记录，大大缩短了数据处理时间，提高了审计工作效率。数智化审计运用自动化的数据采集工具，可同时连接高校的财务系统、资产管理系统、科研项目管理系统等多个数据源，并按照预设的规则自动采集所需数据。数智化审计可以把这些采集到的数据被传输到云计算平台，利用分布式计算技术将数据处理任务分配到多个计算节点同时进行处理。例如，在处理财务报销数据时，数据挖掘算法可快速扫描所有报销记录，根据设定的金额阈值、时间间隔等条件，迅速筛选出异常报销数据。与传统人工处理方式相比，数智化审计处理相同规模数据的时间可从数周缩短至数小时甚至更短，极大地提高了数据处理效率，使审计人员能够将更多精力投入对数据的分析和解读中，从而加快审计工作进度。

（二）审计流程自动化加速

数智化审计实现了审计流程的自动化，从审计计划制订、审计证据收集、审计工作底稿编制到审计报告生成，各个环节都能借助信息技术实现自动化操作。审计软件可以根据预设的审计规则和模型自动生成审计计划，精准确定审计重点；可以利用机器人流程自动化技术模拟人工操作，自动收集审计证据，如从财务系统中提取数据、从合同管理系统中获取合同文本等；可以通过智能化模板自动生成审计工作底稿和审计报告，避免人工撰写的错误。这一系列自动化流程大幅提高了审计工作的流转速度，使审计项目能够在更短时间内完成。在审计计划制订环节，审计软件根据高校的业务特点、历史审计数据以及当前的风险评估模型，自动生成详细的审计计划，明确审计范围、重点审计领域和关键审计事项。例如，如果高校近期开展了大规模的基建项目，软件会将基建项目相关的财务收支、工程进度、合同执行等列为审计重点。在审计证据收集阶段，机器人流自动化技术按照设定的流程，自动登录财务系统、合同管理系统等，提取相关数据和文件，并进行整理和分类。在生成审计工作底稿和报告时，智能化模板根据收集到的审计证据和数据分析结果，自动填充相关内容，生成规范的审计工作底稿和报告框架，审计人员只需进行必要的审核和补充说明，即可完成报告编制。整个审计流程的自动化，大大减少了人工操作的时间和失误，显著提高了审计工作效率。

二、迈向审计质量新高度

（一）高效审计证据获取与深度分析

在高校经济责任审计中，审计证据的获取与分析是确保审计质量的核心环节。传统审计模式下，审计证据获取主要依靠审计人员手工收集，这一过程耗时费力，且受限于人力和审计范围，所获取的证据往往不够全面和精准。数智化审计凭借先进技术手段，对审计证据获取与分析流程进行了全方位革新，大幅提升了审计质量与效率。

数智化审计利用自动化采集工具，实现审计证据的高效获取。在财务审计中，通过与高校财务系统无缝对接，自动化工具能够实时、准确地采集财务报表、账目明细、凭证等关键数据，避免了人工采集可能出现的数据遗漏和错误。在资产管理审计中，借助物联网技术，自动化工具可自动收集资产设备的位置、使用状态、维护记录等信息。例如，在高校图书馆资产管理中，通过在每本图书和各类设备上安装物联网标签，自动化采集工具能够实时获取图书借阅情况、设备运行时长等数据，为审计提供全面且动态的资产信息。对于合同、文档等非结构化数据，数智化审计利用光学字符识别（OCR）技术和文档解析算法，快速将纸质文档转化为电子数据，并提取关键信息，如合同中的金额、期限、违约责任等条款，极大提高了审计证据收集的效率与完整性。

在审计证据分析阶段，数智化审计运用先进的数据分析技术挖掘证据背后的深层信息，利用数据挖掘算法对财务数据进行深度分析，从而发现数据之间隐藏的关联和异常模式。例如，在分析高校经费支出数据时，通过聚类分析算法，可将相似支出项目进行归类，进而发现是否存在不合理的费用集中支出情况。关联规则挖掘算法则可用于发现不同费用项目之间的潜在关联，如办公用品采购与特定部门业务活动之间的关联，为审计人员判断费用支出的合理性提供线索。在科研经费审计中，可以对科研项目的预算执行数据、经费支出明细与科研成果数据进行综合分析，并运用回归分析等方法评估经费投入与科研成果产出之间的关系，判断科研经费使用的效益性。同时，借助人工智能技术中的自然语言处理技术对审计过程中获取的文本证据，如会议纪要、往来邮件等进行情感分析和主题提取，挖掘其中潜在的审计线索和风险信息，可以为审计人员提供更全面、深入的审计证据分析结果，助力审计人员作出更准确的审计判断，为后续全面审计覆盖与深度分析奠定坚实基础，从根本上提升审计工作的质量与价值。

（二）全面审计覆盖与深度分析

传统审计受限于人力和时间，往往只能进行抽样审计，存在审计盲区。数智化审计能够实现对高校经济活动的全面审计覆盖，对所有数据进行分析，不放过任何一个可能存在问题的细节。在全面审计的基础上，数智化审计还能进行深度分析，通过分析不同业务数据之间的关系，挖掘深层次的问题。例如，对科研经费数据与科研成果数据、人员绩效数据进行关联分析，不仅可以审查经费使用的合规性，还能评估经费投入的产出效益，判断科研项目是否达到预期目标，为高校科研管理提供更有价值的审计建议。数智化审计借助大数据存储和处理技术，能够将高校所有经济活动数据集中存储和管理，实现对财务、资产、教学、科研等全领域数据的全面分析。在科研经费审计中，通过关联分析科研经费的支出明细与科研成果的发表情况、科研项目的验收结果以及参与人员的绩效数据，可以深入了解经费使用是否合理。例如，如果发现某个科研项目经费大量用于购买设备，但科研成果产出较少，且参与人员绩效不高，可能暗示存在设备闲置或使用效率低下的问题。进一步分析设备使用记录与科研项目需求之间的关系，可为高校科研管理部门提供优化设备采购和使用的建议，提高科研经费的使用效益，同时也提升了审计工作的深度和质量，为高校经济决策提供了更有力的支持。

第三节　加固内部控制与风险管理防线

一、完善内部控制体系

（一）制度执行的实时监控与评估

高校内部控制制度涵盖财务、采购、资产管理、科研管理等多个方面，但在实际执行过程中，可能存在执行不到位、打折扣等问题。数智化审计通过与高校各业务系统实时对接来实时采集业务数据，并依据预设的内部控制规则对制度执行情况进行监控。例如，在采购业务中，实时监控采购流程是否符合招投标制度，是否存在应招标未招标、违规拆分采购项目等问题；在财务报销环节，实时检查报销审批流程是否合规，报销金额是否超出规定标准等。通过实时监控，及时发现制度执行偏差，生成评估报告，为高校完善内部控制制度提供数据支持。以采购业务为例，数智化审计系统与高校采购管理系统实时连接，可以实时获取采购项目的相关信息，包括采购申请、招标公告、投标文件、中标结果等。系统依据预设的招投标制度规则，如采购金额达到一定标准必须进行公开招标、招标流程的时间节点要求等，对每一个采购项目进行实时监控。如果发现某个采购项目金额超过规定标准却未进行公开招标，系统会立即发出预警，并详细记录相关信息。同时，数智化审计系统会定期生成采购业务内部控制执行评估报告，对采购制度执行的整体情况进行量化评估，分析存在问题的环节和频率，为高校采购部门完善内部控制制度提供具体的数据依据，帮助其有针对性地改进制度执行流程，提高采购业务的合规性。

（二）流程优化的数据分析与支撑

数智化审计通过对高校业务流程数据的深入分析，能够发现流程中的冗余环节、效率低下节点以及潜在风险点。例如，通过对科研项目申报流程数据的分析，发现某些环节审批时间过长，影响项目申报效率；通过对资产管理流程数据的分析，发现资产盘点周期过长，导致资产信息不及时、不准确。基于这些数据分析结果，可以为高校提供流程优化建议，帮助高校简化流程、提高效率，同时降低风险、完善内部控制体系。在科研项目申报流程分析中，数智化审计会收集从项目立项申请到最终获批过程中各个审批环节的时间节点、审批意见等数据。通过数据分析发现，某个环节由于涉及多个部门的层层审批，导致平均审批时间长达数周，严重影响了项目申报进度。数智化审计建议高校对该环节进行优化，可采用并联审批或设立牵头部门进行集中审批等方式缩短审批时间。对于资产管理流程，通过对资产入库、使用、盘点等数据的分析，发现由于资产盘点周期过长，部分资产已经损坏或闲置，但财务账面上未及时更新，存在资产流失风险。数智化审计建议缩短资产盘点周期，加强资产使用部门与财务部门的数据共享，确保资产信息的准确，从而优化资产管理流程，完善高校内部控制体系。

二、强化风险管理能力

（一）风险预警与早期干预

数智化审计凭借其强大的数据处理与分析能力，构建起全面且精准的风险预警模型，能够对高校经济活动中的各类风险因素进行实时、动态监测。一旦风险指标触及预先设定的阈值，系统便会迅速发出预警信号，为高校管理层争取宝贵的风险应对时间。

在财务风险监测方面，数智化审计系统如同一个敏锐的“财务卫士”，实时全方位采集高校的财务数据，涵盖资产负债明细、收入支出流水、债务规模及结构等核心信息，通过精心设定一系列关键风险指标及其合理阈值，构建科学的财务风险预警模型。以债务风险为例，不仅关注债务规模与资产总额的比例，还综合考量债务期限结构、利息负担率等因素。当债务规模与资产总额的比例趋近国际公认的警戒线，如达到 60%，或者利息负担率超过高校年度收入的 15%，同时现金流量充足率低于行业平均水平的 80%时，系统会立即以多种方式发出预警，包括但不限于短信、邮件以及内部管理系统弹窗，及时通知高校管理层和财务部门负责人。管理层能够及时收到预警信息，组织财务团队进行深入分析，调整财务策略。比如，与金融机构协商，优化债务结构，延长债务期限、降低利率；积极拓展多元化的资金筹集渠道，如争取政府专项补贴、开展社会捐赠活动、探索资产证券化路径等；严格控制非必要支出，优化支出结构，确保资金的合理高效使用，从而有效避免财务危机的爆发。

在廉政风险防控领域，数智化审计犹如一双“火眼金睛”，对采购、基建等重点领域的交易数据进行实时监测与深度挖掘，利用先进的数据分析算法准确识别各类异常交易模式。在采购环节，重点关注供应商的选择是否符合规定程序，交易价格是否合理。若发现某供应商在短时间内频繁参与高校采购项目且中标率异常高，或者采购价格明显高于市场均价，系统会立即发出预警。审计人员可迅速启动调查程序，通过查阅采购合同、招投标文件、供应商资质等资料，深入了解交易背后的真实情况，及时发现并阻止可能存在的利益输送行为，实现廉政风险的早期干预。在基建项目中，数智化审计对项目预算执行、工程进度款支付、工程变更等关键环节进行实时监控。若发现工程进度严重滞后但进度款却超额支付，或者工程变更频繁且涉及金额巨大等异常情况，会立即启动调查，防止腐败问题滋生，保障高校基建项目高效规范推进。

（二）风险应对策略制定与评估

数智化审计不仅能够精准洞察风险，还能借助大数据分析为高校量身定制科学有效的风险应对策略。通过对高校过往历史风险事件以及相应应对措施的深度复盘，系统能自动总结成功经验与失败教训，并紧密结合当前高校经济活动的独特特点以及复杂多变的内外部环境，为不同类型的风险制定极具针对性的个性化应对策略。

面对市场风险，数智化审计能够借助大数据分析技术，广泛收集宏观经济走势、行业发展动态、市场竞争格局等海量信息，深入剖析高校自身业务结构与投资组合的优劣势。例如，若高校在某一传统学科领域的科研成果转化业务过度集中，且数智化审计分析显示该行业正面临市场饱和、技术迭代加速以及竞争白热化的严峻挑战，审计系统会基于数据分析结果，建议高校实施多元化投资战略。一方面，将部分资源有针对性地投向新兴且具有高增长潜力的行业领域，如人工智能、新能源、生物医药等，积极布局相关学科的科研项目与产业转化；另一方面，对现有业务进行深度优化，通过技术创新、品牌建设、服务升级等手段，提高产品或服务的差异化竞争力，扩大市场份额。

针对操作风险，数智化审计通过对以往操作失误案例的数据挖掘与分析，精准定位导致风险发生的关键因素，如内部控制流程存在漏洞、人员操作不规范、培训体系不完善等，并基于这些深入分析，为高校提供切实可行的应对策略。在完善内部控制制度方面，对高校各项业务流程进行全面梳理，明确各岗位的职责权限和操作规范，加强对关键环节的监督与制衡。例如，在财务报销流程中，引入智能审核系统，对报销凭证的真实性、合规性进行自动审核，避免人为审核的疏漏与舞弊风险。同时，高度重视人员培训工作，根据不同岗位的风险特点和业务需求，设计个性化的培训课程。对于财务人员加强财务法规、会计准则以及风险防控知识等方面的培训，对于采购人员强化采购流程、供应商管理以及廉政教育等方面的培训，全面提升员工的专业素养和风险防范意识。

在风险应对策略实施过程中，数智化审计持续跟踪相关业务数据和风险指标，运用科学的评估方法对策略的实施效果进行全面、动态评估。对于市场风险应对策略，重点观察高校在新投资领域的资金回报率、市场份额增长情况以及原有业务的稳定性和抗风险能力。若新投资在一定期限内未能达到预期收益目标，或者市场份额出现下滑趋势，数智化审计会深入分析原因，判断是投资决策失误、市场环境突变还是运营管理不善所致，进而及时调整投资策略，优化资源配置。对于操作风险应对策略，通过监控业务操作的合规率、失误率以及内部控制制度的执行有效性等关键指标，评估策略的实施成效。若操作失误率仍然居高不下，数智化审计会进一步优化内部控制流程，加强对员工的培训与考核，确保风险管理策略能够切实发挥作用，为高校经济活动的稳健运行提供坚实保障。

第四节　满足多元利益相关者信息诉求

一、满足内部管理决策信息需求

（一）为高校管理层提供决策支持

高校管理层在制定发展战略、资源配置决策、绩效评估等方面需要准确、全面的经济信息。数智化审计能够对高校经济活动进行深度分析，提供详细的审计报告和数据分析结果，从而为管理层决策提供有力支持。在制定发展战略时，数智化审计可以整合高校各学科的科研实力、师资队伍、教学质量以及市场需求等多维度数据。例如，分析不同学科在国内外学术排名的变化趋势、科研成果转化为实际经济效益的情况，以及相关行业对专业人才的需求预测。基于这些数据，为管理层提供如哪些学科具有发展潜力、哪些领域应加大投入或进行战略调整等建议，助力高校制定符合市场需求和自身优势的发展战略。在资源配置决策方面，数智化审计通过对各类资源投入产出的分析，为管理层提供科学依据。比如，对教学资源、科研资源、行政资源等的分配与使用效果进行评估，通过分析教学设备的使用频率、科研经费投入与成果产出的关系、行政人员数量与工作效率的关联等数据，帮助管理层了解资源在不同领域的利用效率，从而合理调整资源分配，将有限的资源投入最能产生效益的领域。绩效评估是高校管理的重要环节，数智化审计可以利用数据挖掘和分析技术，对各部门、各项目的绩效指标进行量化评估。例如，对于教学部门，评估其学生的毕业率、就业率、学生对教学的满意度等指标；对于科研部门，考量科研项目的完成质量、科研成果的影响力等。通过全面、客观的绩效评估，为管理层提供准确的各部门和项目的绩效信息，帮助管理层进行公正的考核评价，激励各部门和项目团队提升工作绩效。

（二）助力职能部门提升管理效能

高校各职能部门，如财务处、科研处、资产管理处等，在日常管理中也需要准确的经济信息来优化工作流程、提高管理效能。数智化审计可以为各职能部门提供定制化的审计分析报告，帮助他们发现管理中的问题与不足。财务处是高校财务管理的核心部门，数智化审计可以为其提供涵盖预算执行情况、财务风险预警、资金使用效率等方面的分析报告。例如，通过对预算执行数据的实时监控和分析，及时发现哪些项目或部门的预算执行进度过快或过慢，帮助财务处提前介入，协调相关部门调整预算执行计划，确保年度预算的合理执行。在财务风险预警方面，数智化审计利用大数据分析技术对高校的财务状况进行全面评估，及时发现潜在的财务风险，如债务风险、资金流动性风险等，并提供相应的风险应对建议，帮助财务处加强财务管理、防范财务危机。科研处负责高校科研项目的管理，数智化审计可以为其提供有关科研项目管理各个环节的报告。通过对科研项目申报、立项、经费使用、成果验收等环节的数据的分析，发现科研项目管理过程中存在的问题，如申报流程烦琐、经费使用不规范、成果转化效率低等。针对这些问题，数智化审计能提供具体的改进建议，如简化申报流程、加强经费监管、建立成果转化激励机制等，助力科研处提高科研项目管理水平，提升科技创新能力。资产管理处承担着管理高校资产的职责，数智化审计通过对资产采购、使用、维护、处置等数据的深度分析，为其提供资产使用效益评估报告。例如，分析哪些资产长期闲置、哪些资产维护成本过高，帮助资产管理处合理规划资产采购计划，优化资产配置，提高资产使用效率。同时，通过对资产处置流程的审计，确保资产处置的合规性，防止国有资产流失。

二、回应外部利益相关者关切

（一）对政府监管部门的信息透明

政府监管部门在对高校财政资金使用效能、政策执行情况等实施监督时，需要高校提供准确、详细的经济信息。数智化审计生成的规范、详细的审计报告能够满足政府监管部门的信息需求，使其全面了解高校经济活动的合规性、效益性。在财政资金专项审计方面，数智化审计报告详细记录了每一笔财政资金的来源、去向、使用用途以及对应的项目。通过对资金流向的精准追踪和使用效益的量化评估，政府监管部门可以清晰地了解高校是否将财政资金专款专用，是否达到预期的政策目标。例如，对于用于高校科研创新的财政专项资金，数智化审计报告可以呈现资金在不同科研项目中的分配情况，以及这些项目所取得的科研成果，如发表的高水平论文数量、获得的专利数量、科研成果转化带来的经济效益等，帮助政府监管部门评估财政资金对高校科研创新的支持效果，为后续的资金分配和政策调整提供依据。在政策执行情况审计中，数智化审计利用大数据分析技术对高校各项政策的执行情况进行全面检查。例如，针对国家关于高校人才引进的政策，数智化审计可以收集高校人才引进的数量、质量、待遇落实情况以及引进人才对学校发展的贡献等数据，分析高校在人才引进政策执行过程中是否存在偏差，是否充分发挥了政策的激励作用。通过数智化审计提供的详细信息，政府监管部门能够及时发现高校政策执行中的问题，督促高校整改，确保国家政策在高校得到有效落实。

（二）向社会公众的信息公开

在信息时代，社会公众对高校的关注度日益提高，对高校经济活动的透明度提出了更高要求。高校通过数智化审计，将审计结果以通俗易懂的方式向社会公众公开，回应社会关切。对于高校重大基建项目，社会公众关心项目的预算执行情况、工程进度以及质量安全等问题。数智化审计利用数据可视化技术，将这些信息以图表、图形等直观方式呈现给社会公众。例如，通过建立项目预算执行动态监控系统，实时展示项目的预算总额、已支出金额、各分项工程的预算执行进度等信息，让社会公众清楚了解项目资金的使用情况。同时，利用物联网技术实时采集工程进度和质量数据，如工程关键节点的完成时间、质量检测指标等，并通过数据可视化平台进行公开，使社会公众能够随时掌握项目的进展情况和质量水平，提升社会公众对高校重大基建项目的信任感。对于社会捐赠资金的使用情况，数智化审计可以详细披露资金的收支明细、使用效果等信息。通过建立捐赠资金信息公开平台，社会公众可以查询每一笔捐赠资金的来源、金额、使用方向以及对应的项目成果。例如，对于捐赠用于建设图书馆的资金，数智化审计报告可以展示资金如何用于图书馆的选址、设计、建设、设备采购等环节，以及图书馆建成后对师生借阅、学术研究等方面的促进作用，保障捐赠者的知情权，提升高校的社会公信力。

第五节　推动新质生产力与审计数智化深度融合

一、新质生产力引领审计数智化方向

（一）科技创新催生审计数智化新需求

新质生产力以科技创新为核心驱动力，不断涌现的新技术为高校经济责任审计带来了新的机遇与挑战，催生了数智化审计的新需求。

大数据技术的发展使得高校能够收集和存储海量的经济活动数据，这就要求审计能够利用大数据分析技术对这些数据进行深度挖掘，以发现潜在的审计线索和风险。例如，通过大数据分析技术，可以对高校的财务数据、科研项目数据、资产管理数据等数据进行关联分析，发现不同业务之间的潜在联系和异常情况。如通过分析科研项目经费支出与科研设备采购数据，可以发现是否有科研项目存在设备过度采购或设备与项目需求不匹配的问题。

人工智能技术的应用促使审计工作向智能化方向发展，如智能风险识别、智能审计报告生成等。机器学习算法可以对历史审计数据和高校经济活动数据进行学习，从而具备自动识别潜在风险的能力。例如，在识别财务舞弊风险时，通过对大量财务报表数据和舞弊案例的学习，算法可以建立起风险识别模型，自动检测当前财务数据中是否存在类似的舞弊迹象。自然语言处理技术则可以对审计文档、合同文本等进行自动分析，提取关键信息，提高审计工作效率和准确性。

区块链技术的不可篡改、可追溯特性为审计数据的真实性和可靠性提供了保障，这要求审计工作适应这种新的数据存储和验证方式。在高校经济责任审计中，区块链技术可以用于记录和存储关键的经济活动数据，例如，财务交易记录、科研项目经费使用明细等。审计人员可以通过区块链技术确保数据的真实性和完整性，无须再花费大量时间和精力去验证数据的来源和可靠性。同时，区块链的可追溯性使得审计人员能够清晰地追踪每一笔经济活动的全过程，从源头上防范数据造假和违规行为。

物联网技术实现了数据的自动采集和实时传输，为审计实时监控提供了可能。在高校资产管理审计中，通过在资产上安装物联网传感器，可以实时采集资产的位置、使用状态、维护情况等信息。审计人员可以实时获取这些数据，对资产的管理和使用情况进行实时监控，及时发现资产闲置、损坏后未及时维修等问题，从而提高资产管理审计的效率和效果。

（二）产业变革推动审计业务模式创新

随着产业变革的加速，高校与产业界的联系日益紧密，产学研合作不断深化，高校经济活动的领域和模式发生了深刻变化。高校与企业合作开展的新兴产业项目涉及新技术、新业态、新模式，其经济活动的复杂性和创新性对传统审计业务模式提出了挑战。

新质生产力驱动下的产业变革要求高校经济责任审计创新业务模式，从传统的事后审计向事前、事中、事后全过程审计转变，从单一的财务审计向财务与业务融合审计转变，从静态审计向动态实时审计转变。

在事前审计阶段，审计人员可以利用数据分析技术对高校参与的产业项目进行可行性评估。例如在高校与企业合作开展新的科研成果转化项目之前，审计人员利用数据分析技术收集市场数据、行业发展趋势、项目技术可行性等信息，分析评估项目潜在收益和风险，为高校决策提供参考，避免盲目投资。

在事中审计阶段，借助数智化审计系统对项目的经济活动进行实时监控。例如，对产学研合作项目的经费使用、项目进度、知识产权管理等方面进行实时跟踪。通过与项目管理系统的数据对接，实时获取项目的各项数据，及时发现经费使用不合理、项目进度滞后等问题，并及时提醒相关部门进行调整，确保项目按计划顺利推进。

在事后审计阶段，不仅要对项目的财务收支进行审计，还要对项目的经济效益、社会效益、环境效益等进行全面评估。例如，对于高校与企业合作的环保产业项目，审计工作会审查项目的财务盈利情况，同时评估项目对环境改善的实际效果，以及对相关产业发展的带动作用等，通过财务与业务融合审计，全面评价项目的综合效益。同时，借助数智化审计的动态实时审计功能，对项目的后续影响进行持续跟踪，为高校未来参与类似产业项目提供经验和教训。

二、审计数智化反哺新质生产力发展

（一）为高校科技创新提供保障

高校是科技创新的重要阵地，数智化审计通过对科研经费使用的严格监督和对科研项目管理的全面审查，为高校科技创新提供有力保障。数智化审计能够确保科研经费合理、合规、高效使用，防止科研经费被挪用、浪费，提高科研资金的使用效益，为科技创新提供充足的资金支持。借助大数据分析技术，数智化审计对科研经费的预算编制、执行、决算等全过程展开审计监督，评估经费使用的合理性，比如剖析科研项目各预算科目之间的比例关系，判断是否存在某个科目经费过度使用，而其他科目经费不足的问题。同时，运用图像识别技术和自然语言处理技术，对科研经费报销凭证进行智能审核，自动识别发票真伪、判断报销内容是否合规，有效防止虚假报销和违规支出。在科研项目管理方面，数智化审计覆盖从项目立项、实施到结题的全流程。通过对项目申报资料的分析，评估项目立项的科学性和必要性，避免重复立项和资源浪费。项目实施过程中，数智化审计实时监控项目进度、经费使用、人员投入等情况，可以及时察觉项目实施过程中存在的项目进度滞后、人员投入不足等问题，并督促项目团队整改。在项目结题阶段，数智化审计对项目成果的真实性、创新性、实用性等进行评估，确保科研项目达到预期目标，以推动高校科技创新能力持续提升。

（二）助力高校产业发展与成果转化

在高校产业发展与成果转化过程中，数智化审计发挥着重要的风险防控和决策支持作用。通过对校办企业、产学研合作项目等的审计，数智化审计能够及时发现产业发展中的财务风险、市场风险、经营风险等，并提出针对性的风险应对措施，保障高校产业的稳健发展。数智化审计通过分析校办企业的财务报表、市场份额、产品竞争力等数据，评估企业的财务健康状况、市场风险承受能力以及经营管理水平。一旦发现企业存在应收账款过高、市场份额下降等问题，便及时提出加强应收账款管理、优化产品结构等风险应对建议。在成果转化方面，数智化审计对科技成果的价值评估、转化过程中的权益分配等进行审计监督，确保成果转化过程公平、公正、透明，从而提升高校科技成果转化的效率和效益。在科技成果价值评估中，数智化审计利用大数据分析技术收集同类科技成果的市场交易价格、技术先进性、应用前景等信息，为高校科技成果的合理定价提供参考。在权益分配审计中，数智化审计重点审查成果转化过程中高校、科研团队、合作企业之间的权益分配协议是否合理，是否充分保障了各方的利益，避免因权益分配不合理引发纠纷，从而促进科技成果顺利转化，推动高校新质生产力的发展。

第四章　高校经济责任审计数智化转型的路径探索

高校经济责任审计在监督高校领导干部经济行为、保障国有资产安全完整、促进高校事业健康发展等方面发挥着极为重要的作用。在当今数字化、智能化时代背景下，传统审计模式面临着诸多挑战，如数据处理效率低下、审计覆盖面有限、风险预警滞后等。推进高校经济责任审计数智化转型，能够充分利用现代信息技术优势，有效提升审计工作的精准性、时效性和全面性，是高校审计工作适应时代发展的关键举措。

第一节　审计理念与思维的数智化革新

在新质生产力驱动的时代背景下，高校经济责任审计正经历深刻变革，其理念与思维的数智化革新堪称转型的关键引领。传统审计理念往往聚焦事后监督与合规性审查，具有明显的滞后性与局限性。数智化转型促使审计人员构建全新理念体系，其中，全程动态审计成为核心要点之一。这要求将审计视野贯穿高校经济活动的全链条，自预算编制起始，延伸至资金分配、使用过程监控，乃至项目完成后的效益评估。数智化审计借助物联网、大数据等数智技术，实时抓取与深度分析数据，精准捕捉潜在问题与风险隐患，彻底突破事后审查的固有局限。例如，借助物联网传感设备对高校教学科研仪器设备的运行状态进行 24 小时不间断监测，一旦设备出现闲置时长超标或过度使用导致能耗异常等情况，系统立即触发预警系统，审计人员可即刻介入调查，及时发现设备管理与资源配置方面可能存在的问题，避免问题在年终审计或专项审计时才被察觉而延误整改时机。

风险预警前置思维基于大数据的强大分析能力与人工智能的智能算法模型。审计系统通过整合财务、业务、外部环境等多维度海量数据，运用复杂的数据挖掘与分析技术，深度洞察可能出现的各类经济风险，如学费收入受招生政策调整、社会经济形势波动影响而产生波动的风险，科研项目经费因预算编制不合理、执行过程管控缺失导致的超支风险，基建项目因前期规划失误、施工过程变更频繁引发的投资回报率未达预期的风险等。以机器学习算法为例，它可对历年招生计划执行数据、学费定价策略变化趋势、宏观经济景气指数、行业竞争态势等众多因素进行全面综合分析，提前精准预测下一年度学费收入的潜在风险区间，并为高校管理层提供极具针对性的决策建议，助力其及时优化招生宣传策略、合理调整学费收缴机制或拓展收入来源渠道，有效防范经济风险。

数据驱动决策理念则将数据置于审计判断与决策的核心地位。在数智化环境中，审计人员告别传统的经验主导与有限样本数据分析模式，转而依靠对大数据的全景式深入分析来确定审计重点、评估审计风险以及评判经济责任履行成效。比如在评价高校某职能部门负责人的经济责任时，审计人员不再仅仅依赖部分财务报表数据或主观印象，而是通过对该部门涉及的所有财务交易流水、业务流程审批记录、人员绩效评估数据、资源分配与利用效率数据等进行全方位、多层次的综合分析，从而更加客观、精准地判断其在资源优化配置、成本精细控制、绩效目标达成等多方面的实际作为与成效，为高校干部考核、任免与奖惩提供更具公信力和说服力的依据，进而有力推动高校内部管理的科学化与规范化进程。

第二节　审计数据的数智化采集与管理

一、多元数据采集渠道构建

高校经济责任审计的数智化转型依赖于广泛且多元的数据采集渠道网络，

因此，首要任务是与校内各核心业务系统实现深度无缝对接，涵盖财务、资产、教务、科研等关键领域。借助先进的数据接口技术，能够实时、精准地获取与经济责任审计紧密相关的结构化数据。财务系统中的每一笔收支明细，如同资金流动的清晰脉络，揭示资金的来源与去向；资产管理系统里资产的购置、变动、折旧等记录，犹如资产的生命轨迹，反映资产的配置合理性与使用效率；教务管理系统中的教学资源分配、学费收缴与奖助学金发放数据，以及科研管理系统内科研项目的经费收支、成果转化等数据，都为审计工作提供了丰富的素材与线索。例如，与财务系统成功对接后，审计软件可每日自动抓取财务凭证信息，实时监控资金流向，及时察觉任何异常的转账操作或报销行为，如同一笔资金频繁在多个无关账户之间流转，或某笔报销费用与业务实际需求严重不符等情况，都能迅速被发现并标记，为后续深入调查提供有力的切入点。

与此同时，积极拓展非结构化数据的采集边界同样至关重要。非结构化数据中的合同文本蕴含着各方的权利义务关系与潜在风险点，会议纪要记录着重要经济决策的诞生过程与决策依据，邮件往来中可能隐藏着资金调配的沟通细节与内幕信息，社交媒体上的相关言论也可能透露出高校经济活动在公众视野中的形象与舆情风险。利用光学字符识别技术与自然语言处理技术这两把神奇的钥匙，可以将纸质合同、文件等转化为可供计算机分析的电子数据，并从文本信息中精准提炼出关键内容。例如，通过自然语言处理技术对高校基建项目相关的系列会议纪要进行深度剖析，能够迅速梳理出项目从规划构思、方案论证、招标决策到施工过程中的每一个关键时间节点、涉及的部门与人员职责分工，以及决策过程中的争议焦点与最终决策依据，从而为审计基建项目决策的合规性、科学性与公正性提供坚实的证据链条。

此外，外部数据的采集与整合价值不容小觑。外部数据能为审计人员提供宏观视角及参照体系，助力其更全面地理解高校经济活动的整体态势与潜在风险。行业统计数据能够反映高校在同行业中的经济地位与竞争态势，如与同类高校相比，本校的科研经费投入规模、师资成本结构、资产配置水平等是否处于合理区间；宏观经济数据则揭示了高校所处的经济大环境对其运营的潜在影响，如宏观经济衰退时期，学费收入增长可能面临压力，而财政拨款的稳定性也可能受到挑战；政策法规数据更是高校经济活动的行为准则与合规边界，要及时掌握国家教育政策法规的更新动态，确保高校的经济活动始终在政策轨道内运行，避免因政策误读或违规操作而导致的经济损失与声誉风险。例如，参考同行业高校平均学费水平的年度变化趋势，结合本校所在地区的经济发展水平与居民收入状况，能够对本校学费定价的合理性进行客观评估；依据国家对科研项目经费管理政策的调整，及时检查本校科研经费管理制度与流程是否相应更新完善，保障科研经费使用的合规性与效益性。

二、数据质量管理与清洗

采集而来的海量数据往往存在诸多质量瑕疵，如数据缺失、错误、重复、不一致等，这些缺陷严重威胁着审计分析的准确性与有效性。因此，构建严谨的数据质量管理与清洗体系成为审计数据数智化管理的核心枢纽。

首先，必须确立明确、细致的数据质量标准与规范，为数据的采集、存储、处理与分析设定清晰的规则框架。各类数据的格式要求应严格统一，如财务数据中的金额字段必须遵循数值型数据格式，且严格符合特定的会计科目编码规则体系，确保数据在不同系统之间的兼容性与可交互性；资产数据中的资产编号必须具备唯一性，如同公民的身份证号码，能够精准识别每一项资产的身份信息，避免资产数据的混淆与错乱。

其次，充分运用先进的数据清洗技术对原始数据进行深度预处理。数据清洗技术即通过数据去重、缺失值处理、异常值检测与修正等手段，将原始数据打磨成高质量的分析素材。数据去重能够精准识别并剔除重复的数据记录，避免重复数据对分析结果的干扰与误导；缺失值处理则是采用均值填充、回归分析填充等科学方法，依据数据的内在逻辑与分布特征，合理补充缺失的数据值，确保数据的完整性与连续性；异常值检测与修正则是依据数据的统计学规律与业务实际情况，敏锐识别并修正明显偏离正常范围的异常数据点。例如，在处理财务报销数据时，若发现某笔报销金额远远超出同类业务的平均水平且缺乏合理的解释说明，系统可依据预先设定的异常值判断规则将其标记为异常值，审计人员随后对其进一步核实情况，若确属违规报销，则进行修正并深入调查背后可能隐藏的违规操作链条，若存在特殊情况则补充相关证明材料，确保数据的真实性与可靠性。

最后，建立长效的数据质量监控机制，定期对数据质量进行全面评估与及时反馈。通过精心设置数据质量监控指标体系，涵盖数据准确性率、完整性率、一致性率等核心指标，借助自动化监控工具实时监测数据质量的动态变化。一旦发现数据质量出现下滑迹象，立即启动追溯程序，如同侦探追寻线索一般，精准定位问题根源，并迅速采取针对性的整改措施，确保数据质量始终稳定在满足审计分析要求的高标准水平之上，为审计决策提供坚实可靠的数据基石。

三、审计数据仓库建设

构建审计数据仓库是实现审计数据高效存储、管理与分析的战略高地，而审计数据仓库应具备卓越的功能特性。

首先，需要强大的数据集成能力，能够如同万能胶水一般将不同源头、不同格式的数据进行整合与统一存储，彻底打破数据孤岛现象，实现数据的互联互通与共享协同。具体而言，将财务系统中的账务数据、资产管理系统中的资产数据、科研管理系统中的项目经费数据等按照统一、规范的数据模型进行深度整合，构建起一个完整的数据生态系统，以便于审计人员进行一站式综合查询与多维度分析。从财务视角来看，可追溯资金流向与资产购置的资金来源；从资产视角出发，能评估资产配置与使用效益对财务状况的影响；从科研视角分析，可研判科研经费投入与产出对高校整体经济实力与竞争力的贡献。

其次，数据分层存储策略是提升数据仓库性能的关键一招。根据数据的使用频率、时效性等因素，将数据巧妙地分为不同层次进行差异化存储。将近期频繁访问与使用的热数据存储在高速存储介质中，包括固态硬盘（SSD），以确保数据访问的闪电速度，满足审计人员对实时数据查询与分析的迫切需求；而将历史数据或不常使用的数据存储在相对低成本的大容量存储介质中，诸如磁带库或云存储中的冷存储区域，在保障数据可追溯性的同时有效降低存储成本，实现数据存储资源的优化配置与高效利用。

最后，数据安全防护是审计数据仓库的坚固堡垒。必须采取多重数据安全防护技术与策略，确保审计数据的保密性、完整性与可用性万无一失。严格设置数据访问权限体系，如同为数据仓库设置了一道道坚固的门禁，只有经过授权的审计人员，根据其职责与工作需要，才能访问特定的数据区域与数据内容，防止数据泄露与非法访问；采用先进的数据加密技术，如对称加密与非对称加密算法相结合，对敏感数据进行加密存储与安全传输，确保数据在存储与传输过程中的机密性，即使数据不幸被窃取，攻击者也无法轻易解读数据内容；建立完善的数据备份与恢复机制，如同为数据仓库配备了一份可靠的保险，定期对数据进行全量与增量备份，并将备份数据存储在异地安全场所，在数据丢失、损坏后能够迅速恢复数据，保障审计工作的连续性与稳定性。

精心打造审计数据仓库这一核心基础设施，可以为审计人员搭建起一个集中化、高效化、安全化的数据管理大平台，从而为后续深入开展审计数据分析与数据挖掘工作奠定坚如磐石的基础，为高校经济责任审计提供强有力的技术支撑与保障。

第三节　审计技术方法的数智化创新应用

一、大数据分析技术在审计中的深度应用

大数据分析技术为高校经济责任审计注入了强大的数据分析引擎动力。

其一，利用大数据关联分析技术，能够深度挖掘经济数据之间错综复杂的内在联系与潜在规律。通过梳理高校教职工的工资收入、科研经费收入、教学工作量、资产购置等多维度数据之间的关联线索，精准发现是否存在不合理的利益输送通道或资源分配失衡的问题。比如，当某教师科研经费收入畸高，且频繁购置与科研项目关联度极低的资产，像高端消费品或与专业研究方向不符的设备时，关联分析技术能第一时间定位这一异常数据组合。借助这种定位，审计人员可以开展系统性调查，从科研项目立项文件审核、经费使用明细审查，到项目实施过程追溯，全方位排查是否存在违规操作，揭露潜在的违规行为。

其二，大数据聚类分析技术可以对高校纷繁复杂的经济活动进行科学分类与特征识别。基于功能、性质、金额大小等关键因素，对高校的各类支出开展聚类分析，能够清晰梳理出不同类型支出的分布规律与变化走向。一旦某类行政支出在特定时段出现异常增长，审计系统会迅速捕捉到这一异常信息。审计人员可依据系统提示，将这类支出作为审查重点，核查是否存在铺张浪费、违

规列支，或者变相挪用资金等情况，确保资金使用合理合规，维护高校经济活动的有序运行。

其三，大数据预测分析技术可基于海量历史数据与先进的趋势模型，对高校未来的经济状况进行前瞻性预测。具体而言，它可以综合考量历年招生人数变化趋势、学费标准调整历史、财政拨款波动情况以及宏观经济形势走向等多方面因素，构建科学合理的预测模型，预测高校未来几年的财务收入与支出规模、结构及趋势。这些预测结果为高校预算编制提供了科学依据，有助于资源规划与战略决策的前瞻性布局。同时，在高校重大经济项目投资决策前，可以运用预测分析技术对项目投资效益进行全面预测评估，系统分析项目可能面临的市场需求变化风险、技术创新风险、成本超支风险等。通过这些分析，提前识别和化解潜在风险，避免盲目投资导致的经济损失，确保投资决策的科学性与稳健性。

二、人工智能审计技术的探索与实践

人工智能技术在高校经济责任审计领域的应用正逐步拓展与深化，展现出无限的潜力与创新活力。

一是智能审计助手的开发与应用。智能审计助手基于自然语言处理技术，能够精准识别审计人员输入的问题与指令。随后，在审计数据仓库中检索相关数据，并运用机器学习算法对数据进行深度分析与智能判断，为审计人员提供初步的审计线索与专业的分析结果，缩短审计人员在数据筛选与初步分析上花费的时间，提高审计工作效率。以查询近三年科研项目经费超支情况及主要原因分析为例，审计人员通过语音或文字发起指令，智能审计助手随即启动数据搜索与分析程序，从海量数据仓库中筛选符合条件的科研项目经费数据，运用预先训练好的机器学习模型挖掘数据，生成包含超支项目清单、超支金额明细、主要超支原因分类统计以及相关建议的详细分析报告，为审计人员后续的深入调查提供数据支撑与方向引导。

二是人工智能图像识别技术在审计中的创新应用，为审计工作开辟了新的视野与维度。在高校资产管理审计中，这项技术可对资产的实物形态进行精准识别与验证。通过对资产照片或监控视频图像展开智能分析，系统能准确提取资产的品牌、型号、规格等关键信息，并与资产登记台账实时比对，快速判断资产是否存在账实不符的情况，包括是否存在资产被挪用、丢失或虚假登记等问题。在基建项目审计方面，运用图像识别技术对施工现场图像进行实时监测分析，能及时获取工程进度是否按计划推进、施工质量是否符合标准要求、安全措施是否落实到位等关键信息。通过这一技术，可及时发现施工过程中的各类问题与潜在风险，例如工程进度滞后可能引发成本超支风险，施工质量缺陷可能导致安全事故风险等。图像识别技术为保障基建项目的顺利实施与质量安全提供了全新的技术手段。

三是人工智能模型在审计风险评估中的深度应用，为审计风险的精准量化与有效防控提供了强大助力。借助深度学习算法构建审计风险评估模型，该模型对大量历史审计案例、高校经济数据以及外部环境数据进行深度学习与训练，从而能够自动识别影响审计风险的核心关键因素，对审计风险进行精确量化评估。模型会综合高校内部控制制度的完善程度、财务指标的波动稳定性、行业竞争的激烈程度以及宏观经济政策的调整变化等多方面因素，运用复杂的数学模型与算法，计算出高校经济责任审计的风险概率与风险等级。基于这些量化结果，审计人员可制定个性化、针对性的审计策略，合理分配审计资源。比如，针对高风险领域，加大审计力度，增加资源投入；针对低风险领域，采用简化审计程序与抽样方法。这既能提高审计质量与效果，又能确保审计工作在风险可控的前提下高效有序开展。

三、区块链技术保障审计数据的真实性与不可篡改

区块链技术凭借独特的分布式账本、加密算法、共识机制等核心技术特性，为高校经济责任审计数据的真实性、完整性与可靠性提供了极为有力的保障。在审计数据存储环节，区块链采用去中心化的分布式账本结构，每个数据块都包含前一个数据块的哈希值，基于这种数据结构，数据块之间形成了严密的关联体系。哈希算法与共识机制，保证了每个数据块的内容可在多个节点同步存储与验证。一旦数据被记录，其哈希值便与前后数据块紧密绑定，任何一方，无论是数据录入者、使用者，还是外部攻击者，想要修改或删除数据，都必须同时篡改区块链网络中绝大多数节点的数据，这在实际操作中几乎不可能实

现，从而确保了审计数据的原始性与真实性。以高校财务报销数据来说，当这些数据经过严格审核存储于区块链上后，报销人员若妄图篡改报销金额或明细，或者财务人员试图掩盖审核失误，又或者其他相关方进行非法数据操作，区块链凭借其哈希算法和共识机制能迅速识别并阻止。区块链会生成操作日志，记录所有非法操作的尝试。审计人员在开展审计工作时，可直接采信这些数据，无须耗费大量时间和精力进行烦琐的数据验证，既极大提高了审计工作效率，也进一步提升了数据可信度，降低了审计风险。

区块链的智能合约功能有力推动了审计流程向自动化与规范化迈进。智能合约的本质是基于区块链的计算机程序自动执行合约条款。在高校经济责任审计场景下，可将审计业务规则、流程步骤以及审计报告生成要求等编写成智能合约代码。当满足特定审计触发条件，如某经济业务完成结算，或达到预定审计周期，智能合约便自动启动，严格依照预设程序执行审计操作。智能合约会自动采集相关审计数据，调用内置数据分析模型深度剖析数据，并生成格式规范、内容翔实的审计报告初稿。全程无须人工干预，有效规避了人为因素导致的审计流程偏差与错误，确保审计流程在不同项目和时期都能维持高度的一致性与准确性。以科研项目经费审计为例，当科研项目结题验收信息被系统确认，智能合约迅速采集项目从立项到结题的所有经费收支数据，按照预先设定的审计分析模型，对经费使用合理性、合规性、效益性展开全面分析，生成包含项目经费收支明细、预算执行情况对比、问题及建议的审计报告初稿。审计人员只需对报告进行审核与完善，即可完成审计工作。这不仅大幅缩短了审计周期，提升了审计效率，同时，通过减少人为干预，进一步提升审计工作标准化水平。同时，借助系统内置的风险预警功能，可及时发现潜在的审计风险点，助力高校经济责任审计工作的高质量开展。

此外，区块链技术的多节点验证机制进一步增强了审计数据的可信度与可靠性。在区块链网络中，众多分布在不同地理位置、隶属于不同部门的节点共同参与数据的验证与存储工作。只有当绝大多数节点依据相同的验证规则达成共识时，数据才能被成功记录在区块链上。这种多节点相互制衡、相互监督的验证机制，有效杜绝了单一节点数据造假或因技术故障、人为疏忽导致数据错误的可能性。以高校财务数据的管理流程为例，财务数据在录入后，财务处需将数据同步至区块链网络。审计处、业务部门以及其他相关监管部门作为区块链网络中的节点，同时对数据展开验证。每个节点都基于预设的验证规则，对数据格式、数值逻辑、业务关联性等进行检查。一旦财务处录入的数据存在错误或异常，比如财务报表数据钩稽关系不符，或者业务发生时间与记账时间存在冲突，审计处和其他部门的节点在验证过程中就会基于自身验证结果，及时察觉问题并在区块链网络中提出异议。区块链网络的共识机制会促使节点间沟通协调，推动问题数据得到修正，从而保障了财务数据的准确性与完整性。这为高校经济责任审计提供了坚实的数据基础，使得审计结论更加客观公正，能够真实反映高校经济活动的实际情况，为高校管理层的决策提供可靠的依据，助力高校在健康、稳定、可持续的轨道上发展。

第四节　审计数智化转型案例分析

案例一：某知名科技企业审计数智化转型案例

一、案例背景

该知名科技企业在全球科技领域占据重要地位，业务范围广泛，涉及通信技术研发、智能终端制造、云计算服务以及新兴技术探索等多个板块。其业务规模庞大，运营网络遍布全球众多国家和地区，每年产生海量的业务数据，包括数以亿计的交易记录、复杂的供应链信息、广泛的研发项目数据以及庞大的客户服务数据等。

在传统审计模式下，面对如此庞大且复杂的数据量，审计工作面临诸多困境。例如，在对全球供应链的审计中，需要人工逐一核对众多供应商的资质文件、采购合同细节、原材料检验报告以及物流配送记录等，工作效率极为低下，且容易因人为疏忽导致审计漏洞。同时，随着科技行业的快速发展和创新步伐的加速，企业不断推出新的产品和业务模式，如 5G 相关应用的拓展、人工智能与物联网融合业务的开展等，传统审计方法难以迅速适应这些新业务带来的变化，无法及时有效地识别和评估其中潜在的风险与合规问题。此外，在全球监管环境日益严格的背景下，该企业面临着来自不同国家和地区的法律法规以及行业标准的约束，传统审计手段在确保该企业在全球范围内全面合规运营方面显得力不从心，难以高效地对各类合规风险进行监测与预警。

二、数智化转型措施

（一）数据治理与平台建设

1.构建统一数据湖

该企业投入大量资源打造了企业级统一数据湖，整合了公司内部各个业务系统的数据资源。无论是研发环节的技术文档、代码库数据，生产环节的物料清单、工艺参数，销售环节的客户订单、销售渠道信息，还是供应链环节的供应商数据、物流信息等，都汇聚到数据湖中，实现了数据的集中存储与管理，打破了以往数据分散、孤立的局面，为审计工作提供了全方位、多层次的数据基础，使审计人员能够从整体视角对企业业务进行全面审视。

2.数据标准化与清洗

制定了严格的数据标准化规范，对数据湖中的数据进行了统一处理。在数据格式方面，确保各类数据遵循相同的格式要求，如日期格式统一为“YYYY-MM-DD”，金额数据精确到小数点后两位等；在编码规则上，对产品编码、供应商编码、员工编码等进行统一规范，避免因编码混乱导致的数据关联错误。同时，采用先进的数据清洗技术，运用数据校验算法、数据比对工具等，去除数据中的噪声数据、重复数据以及错误数据。例如，通过与权威数据库对比，纠正客户信息中的错误地址数据；利用数据逻辑校验，删除重复的交易记录，从而提高审计数据的准确性、完整性和可靠性，为精准审计奠定坚实基础。

3.数据安全与权限管理

高度重视数据安全问题，建立了完善的数据安全防护体系。采用加密技术对敏感数据进行加密存储和传输，如对涉及企业核心技术研发的代码数据、客户的隐私信息以及财务数据中的关键信息等进行加密处理，防止数据在存储和传输过程中被窃取或泄露。同时，实施严格的数据权限管理机制，根据审计人员的职责和工作需要，精确分配数据访问权限。例如，负责财务审计的人员只能访问与财务相关的数据表和字段，而无法获取研发部门的技术资料；负责特定区域业务审计的人员仅能查看该区域的相关业务数据，确保数据的合法使用和审计工作的独立性，有效防范数据滥用风险。

（二）智能审计技术应用

1.大数据分析技术

（1）关联分析用于风险识别

运用大数据关联分析技术，深入挖掘数据之间的内在联系，以识别潜在的风险和违规行为。例如，在对供应链审计中，通过关联供应商信息、采购订单、质量检验报告以及生产故障记录等数据，发现某些供应商与频繁出现质量问题的零部件之间存在关联，若某供应商供应的特定零部件在多个生产批次中导致较高比例的产品不合格，系统会自动标记该供应商为高风险供应商，审计人员可进一步深入调查是否存在供应商选择不当、采购环节存在腐败风险或质量管控体系漏洞等问题。

（2）聚类分析优化审计资源配置

采用聚类分析技术对海量的审计数据进行分类处理，根据数据的特征将其划分为不同的群组。例如，将全球各地的销售业务数据按照销售区域、产品类型、客户群体等维度进行聚类分析。审计人员可以根据聚类结果，针对不同群组的风险特征和重要性程度，合理分配审计资源。对于风险较高、业务复杂的聚类群组（如新兴市场的高价值产品销售业务），增加审计力度和深度；而对于风险较低、相对稳定的群组（如成熟市场的常规产品销售业务），则适当减少审计资源投入，提高审计效率。

（3）预测分析助力业务前瞻性审计

利用大数据预测分析模型，基于历史数据和业务趋势，对公司未来的业务发展和潜在风险进行预测。例如，通过对过去几年全球智能手机市场的销售数据、技术发展趋势、竞争对手动态以及宏观经济环境等因素的分析，预测企业手机业务在未来不同地区、不同产品系列的销售情况，并评估可能面临的市场风险、库存风险以及技术更新风险等。审计人员可以依据这些预测结果，提前制订审计计划，对可能出现风险的业务环节进行重点关注和预先防范，为公司战略决策提供前瞻性的审计支持。

2.人工智能技术

（1）机器学习构建智能审计模型

引入机器学习算法构建了一系列智能审计模型。例如，在财务审计中，建立了基于机器学习的费用报销欺诈检测模型。该模型通过学习大量历史报销数据，包括员工报销的费用明细、报销时间、报销地点、所属部门以及对应的审批流程等信息，可自动识别出与正常报销行为模式不同的异常报销模式。如某员工频繁在非工作时间或非业务关联地区提交高额的餐饮报销，且与其他同部门员工的报销行为模式差异较大，模型会自动将该报销申请标记为可疑，触发进一步的人工审核流程，有效防范财务欺诈风险。

（2）自然语言处理优化合同审计

运用自然语言处理技术对企业海量的合同文本进行自动化处理。在合同签订前，系统能够快速扫描合同条款，提取关键信息，如合同金额、付款方式、交付期限、违约责任等，并与公司内部的合同标准模板和相关法律法规进行比对分析，检查合同条款是否存在漏洞、风险或不符合法规要求的情况。例如，在对一份国际销售合同进行审核时，自然语言处理系统可以迅速识别出合同中关于知识产权保护条款的表述是否清晰、合理，是否符合当地法律规定以及公司的风险偏好，若发现问题，及时提醒相关人员进行修改完善，大大提高了合同审计的效率和准确性。

（3）图像识别技术辅助资产管理审计

利用图像识别技术辅助资产管理审计工作。在对全球各地的基站设备、办公设备等固定资产的审计中，通过对资产照片或监控视频图像的分析，识别资产的实际状态、位置信息以及是否存在损坏、丢失等情况。例如，通过对基站设备的外观图像进行识别，判断设备的天线是否正常安装、外壳是否有损坏迹象；对办公区域的监控视频图像进行分析，监控办公设备的使用情况和移动轨迹，防止固定资产被盗用或违规挪用。图像识别技术的应用提高了资产管理审计的可视化程度和实时性，有效保障了公司资产的安全与完整。

3.区块链技术

（1）数据存证与审计追溯

将区块链技术应用于审计数据的存证和追溯。由于区块链的不可篡改特性，确保了审计数据的真实性和完整性，一旦数据被记录在区块链上，任何一方都无法私自篡改数据内容。例如，在对某重大项目的审计过程中，审计报告生成后，其哈希值被存储在区块链中，若日后对该项目审计结果存在疑问或需要复查，审计人员可以通过区块链上的哈希值追溯到原始审计数据和报告，验证其真实性和可靠性，这为审计工作提供了有力的证据支持和追溯保障。

（2）智能合约驱动审计流程自动化

利用区块链的智能合约功能实现审计流程的自动化。将审计业务规则、流程步骤以及触发条件等编写成智能合约代码。例如，在采购审计流程中，当一笔采购交易完成并满足预设的审计触发条件（如采购金额超过一定阈值、供应商为新合作方等）时，智能合约自动启动，按照预先设定的审计程序收集相关的采购数据，如采购合同、验收报告、付款凭证等，并将这些数据发送给指定的审计人员进行审核。智能合约的应用不仅提高了审计流程的自动化程度，减少了人工干预带来的不确定性和错误，还确保了审计流程在不同业务场景和全球各地的子公司之间保持一致性和规范性。

（3）多节点验证增强审计数据可信度

借助区块链的多节点验证机制，增强审计数据的可信度。在区块链网络中，涉及审计业务的多个部门或主体，如财务部门、业务部门、审计部门以及外部审计机构（如有合作）等，作为节点共同参与数据的验证与存储。例如，在对一笔销售收入的审计中，销售部门、财务部门以及审计部门均作为区块链节点，对销售订单、收款凭证、发票等相关数据进行验证确认。只有当多数节点达成共识时，数据才能被成功记录在区块链上，有效避免了单一部门或主体对数据的操纵和造假风险，为审计工作提供了更加可靠的数据基础。

（三）审计流程优化与组织变革

1.建立敏捷审计流程

企业打破了传统的基于项目周期或固定时间间隔的审计模式，建立了敏捷审计流程。根据业务需求和风险状况，能够快速启动和调整审计任务。例如，当企业推出一款新的智能手机产品或进入一个新的市场领域时，敏捷审计流程可以迅速组织审计资源，对新产品的研发投入、市场推广费用、供应链保障以及合规性等方面进行及时审计，确保新业务在开展初期就得到有效的审计监督和风险防控。在审计过程中，采用迭代式的审计方法，不断优化审计策略和重点。如在对一个长期项目的审计中，根据前期审计发现的问题和业务变化情况，及时调整后续审计的重点和范围，提高审计的针对性和有效性。

2.打造数字化审计平台

构建了集数据采集、分析、审计任务管理、报告生成等功能于一体的数字化审计平台。通过该平台，实现了审计工作的全流程数字化管理。审计人员可以在平台上方便地获取审计数据、执行审计分析工具、分配和跟踪审计任务以及生成审计报告。例如，审计人员在平台上输入特定的审计查询条件，即可快速获取相关的业务数据，并利用平台内置的大数据分析工具和智能审计模型进行数据分析，发现潜在风险点。平台还具备实时监控和预警功能，能够对关键业务指标和风险因素进行实时监测，一旦发现异常情况，立即向审计人员发送预警信息，实现了审计工作从被动式向主动式的转变。

3.审计组织架构调整

为适应数智化审计转型，企业对审计组织架构进行了相应调整。成立了专门的数据审计团队，负责数据治理、数据分析工具开发与维护，以及数据驱动的审计项目实施。该团队由数据科学家、数据工程师和具有丰富审计经验的专业人员组成，他们密切合作，确保数据在审计工作中的有效利用和价值挖掘。同时，加强了审计与其他业务部门之间的协作与沟通机制。例如，在开展业务流程审计时，审计人员与业务部门的流程专家共同组成审计小组，深入业务流程一线，利用数智化审计工具对业务流程进行全面梳理和风险评估，共同制定了改进措施，实现了审计工作与业务运营的深度融合，提高了公司整体的风险管理水平和运营效率。

三、转型成果

（一）审计效率显著提升

1.数据处理与分析速度大幅提高

数智化转型后，借助大数据处理技术和高性能计算平台，数据处理速度相比传统审计方式提高了数十倍。例如，在对全球年度财务数据的审计中，以往需要数月时间才能完成的数据汇总、整理和初步分析工作，现在仅需数周即可完成。智能审计工具能够快速对海量数据进行筛选、分析和挖掘，迅速定位潜在风险点，大大缩短了审计周期，使审计工作能够更及时地响应业务变化和风险挑战。

2.审计任务执行效率显著增强

通过审计流程的优化和数字化审计平台的应用，审计任务的分配、执行和跟踪更加高效便捷。例如，利用数字化审计平台的工作流引擎，可以根据预设的规则将审计任务自动分配给最合适的审计人员，避免了人工分配任务可能出现的不合理或延误情况。审计人员在平台上可以实时更新审计进展、上传审计证据，管理人员能够随时查看任务状态并进行有效的监督和协调。这使得审计项目的平均执行时间缩短了约 40%，有效提高了审计资源的利用效率和审计工作的整体效能。

（二）审计质量明显改善

1.风险识别与评估精准度提高

基于大数据分析、人工智能模型以及区块链技术的应用，在审计过程中能够更精准地识别和评估业务风险。例如，机器学习算法构建的风险预测模型能够综合考虑多种因素，对业务风险进行量化评估，其风险识别的准确率相比传统审计方法提高了约 35%。通过关联分析和聚类分析等技术手段，能够深入挖掘数据背后的潜在风险关系，发现以往难以察觉的风险隐患，如隐藏在复杂供应链网络中的供应商关联风险、在全球业务布局下的跨地区合规风险等，为公司及时采取有效的风险应对措施提供了准确依据。

2.审计发现的深度与广度延伸

数智化审计工具的应用使审计工作不再局限于表面的合规性检查，而是能够深入业务流程内部，对业务的合理性、效益性以及内部控制的有效性进行全面审查。例如，在对研发项目审计中，不仅可以检查研发费用的列支是否合规，还可以通过对研发过程数据的分析，评估研发项目的进度管理、资源配置是否合理，技术创新成果是否达到预期目标等。同时，借助其全球数据整合和智能分析能力，审计范围能够覆盖企业在全球各地的业务活动，及时发现不同地区、不同业务领域之间的共性问题和差异风险，为企业的全球战略决策和风险管理提供更全面、深入的审计支持。

（三）合规与风险管理水平提升

1.全球合规风险监控与预警能力增强

在全球化背景下，企业面临着众多复杂的法律法规和监管要求，数智化转型后，通过构建全球合规风险监控体系，利用大数据技术实时收集和分析全球各地的法律法规变化、监管动态以及业务数据，能够及时发现企业潜在的合规风险点并发出预警信号。例如，当某国家或地区出台新的数据隐私保护法规时，系统能够迅速识别出企业在当地业务可能存在的合规风险，并提示相关部门采取措施进行整改，确保企业业务始终保持合规运营。合规风险预警的及时性比传统审计方式提高了约 50%，有效降低了企业因违规行为面临的法律制裁和声誉损失风险。

2.风险管理体系优化与完善

数智化审计为企业的风险管理体系提供了强大的数据支持和分析工具。通过对企业内外部风险数据的持续监测和分析，能够及时发现风险管理体系中的薄弱环节并提出改进建议，促进风险管理体系的不断优化和完善。例如，在对企业供应链风险管理的审计过程中，发现部分供应商的风险评估模型存在缺陷，导致对供应商的风险评级不够准确。基于审计发现，企业对供应链风险评估模型进行了优化升级，增加了更多的风险评估维度和数据来源，提高了对供应商风险的识别和管控能力，进一步增强了企业整体的风险管理水平和抗风险能力。

（四）价值创造与战略支持作用凸显

1.为业务优化提供决策依据

数智化审计能够深入分析业务数据，挖掘业务流程中的潜在问题和改进空间，为业务部门提供有价值的决策依据。例如，在对生产制造业务的审计中，通过对生产数据的分析发现某生产线的生产效率较低且成本较高，经进一步分析发现，这是由于生产工艺不合理、设备维护不及时以及物料配送不精准等原因导致。审计部门将这些分析结果反馈给生产部门，并提出相应的改进建议，如优化生产工艺、加强设备预防性维护和建立精准的物料配送系统等。生产部门根据审计建议进行整改后，该生产线的生产效率提高了约 25%，生产成本降低了约 15%，有效提升了企业的整体运营效益。

2.助力企业战略实施与调整

在企业的战略规划与实施过程中，数智化审计发挥着重要的战略支持作用。对企业战略目标相关业务数据进行审计分析，能够评估战略实施的进展情况、发现战略执行过程中的偏差和风险，并及时向公司高层提供反馈信息和调整建议。例如，在企业推进 5G 战略布局时，审计部门对 5G 研发投入、市场推广、产业链合作等方面进行跟踪审计，发现部分地区的 5G 网络建设进度滞后于计划，且在与部分供应商的合作中存在知识产权风险。基于审计发现，企业及时调整了 5G 战略实施计划，加大了对网络建设滞后地区的资源投入，加强了对供应商的知识产权管理和风险防控措施，确保了 5G 战略的顺利推进和企业在全球 5G 市场竞争中的优势地位。

四、经验与启示

（一）战略引领与高层支持是转型成功的关键

该企业的审计数智化转型是在企业整体战略规划的引领下进行的，并得到了企业高层的高度重视和大力支持。企业高层将审计数智化转型视为提升公司治理水平、增强全球竞争力的重要举措，在资源投入、组织架构调整、跨部门协作等方面给予了全方位的支持。这启示其他企业在进行审计数智化转型时，首先要从战略层面认识到转型的重要性和紧迫性，将其纳入企业整体战略规划体系，并由高层领导亲自挂帅，协调各方资源，确保转型工作顺利推进。

（二）数据驱动与技术创新是转型的核心动力

该企业的审计数智化转型表明数据驱动和技术创新是审计数智化转型的核心动力源泉。其他企业在推进审计数智化转型时，应高度重视数据资产的管理和开发，建立健全数据治理机制，确保数据的质量、安全性和可用性。需加大对新兴技术的研究与应用投入，结合自身业务特性与审计需求，探索如利用人工智能达成自动化审计流程、运用大数据分析挖掘潜在风险、借助区块链保障审计数据真实性与可追溯性等创新审计技术方法与应用场景，以此提升审计工作的效率、质量与价值创造能力。

（三）人才培养与团队建设是转型的重要保障

为适应审计数智化转型，该企业组建了跨领域专业团队，成员涵盖数据科学家、数据工程师、审计专家等，并注重人才培养与引进。通过内部培训、外部学习交流、项目实践等多种途径，提升团队成员的数据素养、技术能力与审计专业水平，使其能熟练掌握运用数智化审计工具与方法。这提醒其他企业在审计数智化转型进程中，要重视人才队伍建设，制订有针对性的人才培养计划，强化员工数字化技能培训，鼓励员工学习新兴技术知识。同时积极引进兼具数据技术背景与审计经验的复合型人才，优化团队结构，打造一支既懂业务、又懂技术，还懂审计的高素质人才队伍，为审计数智化转型筑牢坚实人才根基。

（四）持续优化与迭代是转型的必然要求

该企业的审计数智化转型并非一蹴而就，而是持续优化与迭代的过程。伴随着业务发展、技术进步以及外部环境变化，企业不断对其数智化审计体系进行调适与完善，持续优化数据平台功能、更新智能审计模型算法、改进审计流程与方法等。这彰显了审计数智化转型是动态、持续的过程，企业需构建长效机制，定期评估转型成效，依据实际情形及时调整转型策略与措施，持续推动审计数智化水平提升，以契合不断变动的市场竞争环境与企业发展需求。

总之，此知名科技企业的审计数智化转型案例为其他企业提供了极具价值的经验借鉴。在当今数字化浪潮汹涌的时代，各企业应积极接纳变革，加速审计数智化转型步伐，提升审计工作的价值创造效能与战略支撑作用，从而在激烈的市场竞争中稳健前行并斩获优势。

案例二：某综合性大学财务审计数智化转型案例

一、案例背景

某综合性大学是一所学科门类齐全、学生规模庞大的高等学府。随着教育事业的快速发展，该校经济活动日益复杂多样，传统审计模式难以满足对海量财务数据的精准审查和风险及时预警需求。在新质生产力推动下，该校积极探索财务审计数智化转型之路。

二、数智化转型举措

（一）审计理念革新

摒弃传统的以事后监督为主的理念，树立全程动态财务监控思维。从预算编制源头开始，利用数智技术构建预算执行分析模型，实时跟踪各部门的预算使用进度，对预算调整进行严格的线上审批与数据追踪。例如，通过与财务系统对接的审计软件，每日分析各学院、科研项目组的经费支出情况，一旦发现某部门预算执行率过低或过高且偏离正常区间，系统自动预警，审计人员则及时介入了解是项目推进缓慢还是存在预算编制不合理等问题。

（二）数据采集与管理

1.多元数据采集

深度对接校内财务系统、教务系统（涉及学费收缴及教学资源分配相关财务数据）、科研管理系统（科研项目经费收支）等。例如，与科研管理系统对接后，获取科研项目从立项申报书中的预算明细到结题验收时的经费实际使用明细等全流程数据，包括设备采购、差旅费、人员劳务支出等各项细目。

拓展非结构化数据采集范围，运用 OCR 技术将财务报销凭证中的手写签字、发票备注等信息转化为电子数据并存储，利用 NLP 技术对财务制度文件、会议纪要中涉及财务决策与安排的内容进行提取分析。如在分析一份关于人才引进的会议纪要时，提取出关于给予引进人才科研启动资金、住房补贴等财务承诺的关键信息，并与后续财务执行数据进行核对。

采集外部数据，如教育行业平均财务指标数据（如师生比对应的教育经费投入标准等）、宏观经济形势数据（如利率波动对学校债务融资成本的影响）等，用于横向对比与趋势分析。

2.数据质量管理与清洗

建立严格的数据质量标准，规定财务数据中金额的精度、科目代码的规范性等。例如，要求所有财务报销数据中的金额精确到小数点后两位，且必须对应正确的会计科目代码，否则系统拒绝录入。

采用数据清洗技术，通过编写算法识别并删除重复的财务报销记录（如同一笔费用重复提交报销），对缺失的财务数据采用均值填充或基于历史数据的回归分析填充方法。如某月部分水电费支出数据缺失，根据以往月份水电费支出的均值及与当月在校人数、教学科研活动量的回归关系进行合理填充并标记，以便后续核实。

建立数据质量监控机制，每周生成数据质量报告，展示数据准确性率、完整性率等指标。若准确性低于95%，则启动数据溯源与修正流程，确保数据可靠。

3.审计数据仓库建设

构建集成性数据仓库，将从各系统采集的财务数据按照统一的数据模型整合。例如，将财务系统中的总账数据、明细账数据与科研管理系统中的项目经费数据按照项目编号、时间维度等关键指标进行关联整合，方便审计人员进行综合查询与分析。

实施数据分层存储，将近三个月内频繁使用的财务数据（如当月工资发放数据、近期科研项目经费报销数据）存储在高速存储介质中，而将历年的财务报表等历史数据存储在大容量低成本存储介质中。

强化数据安全，设置严格的财务数据访问权限，只有审计人员、财务负责人等特定角色在授权范围内可访问相应数据。采用加密算法对敏感财务数据（如教职工工资信息、大额科研经费转账信息）进行加密存储与传输，同时建立每日数据备份机制，确保数据在遭遇意外情况时可快速恢复。

（三）审计技术方法创新

1.大数据分析技术应用

运用关联分析技术，分析教职工工资收入、教学工作量、科研成果奖励与科研经费获取之间的关系。例如，审计发现某教师教学工作量极少但科研经费收入颇高且科研成果寥寥，然后进一步关联分析其科研项目合作方、经费支出明细等数据，排查是否存在利益输送或科研项目虚假申报问题。

采用聚类分析技术对学校各项财务支出进行分类分析，如按照教学支出、科研支出、行政支出等类别进行聚类。若发现某类行政支出（如办公用品采购支出）在某一时期出现异常聚类特征（如集中在少数供应商且采购价格偏高），则深入调查该类支出的合理性，检查是否存在采购流程不规范或供应商选择不当问题。

利用预测分析技术，基于历年招生人数、学费标准、财政拨款情况以及宏观经济形势等因素构建财务收入预测模型。预测未来三年学校的总体财务收入，为学校预算编制、资源配置提供前瞻性依据。例如，根据模型预测结果，学校未来一年因招生政策调整可能面临学费收入减少问题，针对这一问题，学校可提前规划拓展社会培训项目等其他收入来源或优化内部资源配置以降低成本。

2.人工智能审计技术应用

开发智能审计助手。智能审计助手可以根据审计人员的语音或文字指令，如“查询近一年来科研经费支出中设备采购超预算的项目”，自动在数据仓库中搜索相关数据，并运用机器学习算法对数据进行分析。智能审计助手能够快速筛选出超预算的科研项目清单，分析超预算的原因（如设备价格上涨、预算编制不合理等），并按照重要性程度进行排序展示，为审计人员提供清晰的审计线索与初步分析结果，大大提高审计效率。

应用人工智能图像识别技术，对学校固定资产进行管理审计。通过对资产照片或监控视频图像的分析，识别资产的品牌、型号、规格等信息，并与资产登记台账进行比对。如在盘点实验室设备时，利用图像识别技术快速识别设备外观特征，与台账信息不符时及时预警，检查是否存在资产流失或账实不符问题。同时，在基建项目审计中，对施工现场的图像进行分析，监测工程进度、施工质量、安全措施等方面是否符合要求。例如，通过对施工现场图像的智能分析，判断混凝土浇筑质量是否达标，若发现混凝土表面存在裂缝、蜂窝麻面等缺陷，及时通知施工方整改并记录在案，作为审计评价的依据。

构建人工智能审计风险评估模型。通过对大量历史审计案例、学校财务数据以及外部环境数据（如教育政策变化、行业竞争态势等）的学习与训练，智能审计风险评估模型能自动识别影响审计风险的关键因素，如内部控制制度的有效性、财务指标的稳定性等，并对审计风险进行量化评估，为审计人员制定个性化的审计策略提供参考。例如，通过模型评估发现某学院内部控制制度薄弱且财务指标波动较大，审计人员则对该学院实施重点审计，加大审计样本量与审计深度，提高审计质量与效果。

3.区块链技术应用

在财务审计数据存储方面，将财务报销数据、预算编制数据、财务报表数据等存储在区块链上。每个数据块包含前一个数据块的哈希值，形成不可篡改的数据链。例如，当一笔科研经费报销数据被记录在区块链上后，无论是报销人员、财务人员还是其他任何相关方都无法擅自修改或删除数据，确保了数据的真实性与原始性。审计人员在审计时可直接信任这些数据，减少数据验证的时间与成本。

利用区块链的智能合约功能，实现审计流程的自动化与规范化。将财务审计业务规则、审计流程步骤、审计报告生成要求等编写成智能合约代码，当某一财务业务完成（如科研项目结题经费结算完成）或达到一定时间周期（如每月财务报表生成时），智能合约自动执行相应的审计操作。如自动采集该业务相关的财务数据，按照预设的审计分析模型进行分析，并生成审计报告初稿。以科研项目经费审计为例，当科研项目结题时，智能合约自动启动，采集该项目的所有经费收支数据，按照预设的审计分析模型进行分析，并生成审计报告初稿，审计人员只需对报告进行审核与完善即可，这大大提高了审计效率与规范性。

借助区块链的多节点验证机制，增强财务审计数据的可信度。在区块链网络中，财务处、审计处、各学院等多个节点共同参与数据的验证与存储。只有当大多数节点达成共识时，数据才能被成功记录在区块链上。例如，财务处录入一笔大额资金转账数据后，审计处和相关学院节点对数据进行验证，包括转账的合法性、资金用途的合规性等。若存在疑问，节点之间进行沟通协调，直至达成共识。这保障了财务数据的准确性与完整性，为经济责任审计提供了坚实的数据基础。

三、转型成效

（一）审计效率显著提升

数智化转型后，该校审计项目平均完成时间缩短了约 30%。例如，以往对年度财务报表审计需要两个月时间，现在通过智能审计助手快速筛选数据、大数据分析技术精准定位疑点以及区块链技术保障数据真实性等手段，一个半月内即可完成，且审计报告质量更高，能够更全面准确地反映学校财务状况与潜在风险。

（二）审计质量大幅提高

通过大数据分析技术对财务数据的深度挖掘、人工智能审计技术对风险的精准识别以及区块链技术确保数据真实可靠，审计发现问题的精准度提高了约40%。如在科研经费审计中，能够更精准地发现经费使用中的违规行为（如虚假发票报销、超范围列支等）以及预算编制不合理等深层次问题，为学校规范财务管理、防范财务风险提供了有力支持。

（三）风险防控更加有效

基于人工智能审计风险评估模型的应用以及数智化技术对财务数据的实时监控与预警，学校能够提前发现并应对潜在的财务风险。例如，在预算执行过程中，通过实时预警及时调整预算安排，避免了因预算超支或资金闲置导致的财务风险，保障了学校财务运行的稳健性。同时，在重大财务决策（如大额基建投资、大额贷款融资等）前，利用数智化审计手段进行全面风险评估，有效降低了决策失误风险。

四、经验与启示

（一）理念转变是前提

高校财务审计数智化转型首先要从思想上突破传统审计理念的束缚，树立数智化审计思维，重视数据的价值与技术的力量，将审计视角从单纯的事后监督转移到全程动态监控与风险预警前置上，为转型提供内在动力与方向指引。

（二）技术应用是核心

充分利用大数据分析、人工智能、区块链等先进技术，构建完善的数据采集与管理体系、创新审计技术方法，是实现数智化转型的关键所在。但技术应用要结合高校自身财务业务特点与审计需求，不能盲目跟风，要注重技术的整合与优化，形成协同效应，以提升审计工作的整体效能。

（三）人才培养是保障

数智化转型对审计人员提出了更高的要求，需要培养既懂财务审计专业知识又掌握数智化技术的复合型人才。高校应加强内部审计人员的培训与继续教育，鼓励其参加相关职业资格考试与学术交流活动，同时积极引进具有数智化技术背景和审计经验的人才，打造一支高素质的审计人才队伍，为转型提供智力支持与人才保障。

案例三：破局与重塑——某理工高校资产管理审计的数智化转型之路

一、案例背景

某理工高校作为科研与教学的前沿阵地，拥有大量先进且昂贵的科研仪器设备、实验设施以及各类教学资产。近年来，随着学校承担的科研项目数量激增，教学规模持续扩大，资产管理的复杂程度呈指数级上升。传统资产管理审计模式主要依赖人工盘点和年终集中审查，不仅资产清查周期长、效率低，对于资产使用效益的评估也停留在表面，难以深入分析，导致资产浪费与闲置问题频发。在新的发展形势下，这种滞后的审计模式已无法满足学校精细化管理与高质量发展的需求。因此，该校决心开启资产管理审计数智化转型之旅，借助前沿技术提升审计效能，优化资产管理。

二、数智化转型举措

（一）审计理念革新

1.全生命周期管理意识深化

该校率先确立资产全生命周期审计理念，从资产购置规划阶段便引入审计监督。审计团队借助大数据、人工智能等数智技术，收集行业动态、市场价格、技术发展趋势等信息，对购置必要性与性价比展开综合评估。在某大型科研仪器购置论证会上，审计人员通过线上智能分析系统，对比国内外同类设备的性能参数、价格区间以及学校现有设备的使用情况，对设备购置申请中的技术参数、市场价格调研的全面性以及与现有设备的互补性进行深入审查，并提出

10余条针对性审计意见，为学校节省了近200万元的采购成本，确保资产购置既贴合实际需求，又具备较高的经济价值。

2.动态实时监测常态化

在资产使用过程中，改变以往仅在年终盘点时进行审查的滞后做法，利用物联网技术搭建资产实时监测平台，对资产运行状态与使用频率进行24小时不间断监测。这一举措实现了资产管理从静态到动态、从定期到实时的转变，让资产使用情况始终处于可控状态。

（二）数据采集与管理

1.多元数据采集体系构建

审计系统与资产管理系统全面对接，获取资产入库时间、购置金额、使用部门、维修记录等详细信息。同时，连接设备运行监控系统，采集资产实时运行数据。例如，从某高精度分析仪器的运行监控数据中，不仅能精确掌握其每周的使用时长及不同实验项目下的功率消耗情况，还能依据数据分析预测设备的故障发生概率，提前安排维护保养，降低设备故障率。

利用OCR和NLP技术处理资产相关文档，将资产采购合同、验收报告等纸质文件转化为电子数据，并提取关键条款和数据。从采购合同中提取设备的质保期限、售后服务承诺条款等信息后，与实际执行情况进行比对审计，成功发现并解决多起售后维保服务不到位的问题。

收集外部同类型高校资产配置与使用效益数据，对比其他理工高校相同专业实验室的设备种类与数量，分析学校在相关领域资产投入的合理性，为学校优化资产配置提供了重要参考依据。

2.数据质量管理与清洗体系完善

制定资产数据质量规范，要求资产编号唯一且遵循统一编码规则，资产价值数据准确无误。对新购置资产的入库编码进行严格审核，若编码格式错误则无法录入系统，从源头上保障数据质量。

通过数据清洗算法去除重复的资产登记信息，处理缺失的资产使用数据。对于部分老旧设备缺少早期使用记录的情况，采用相似设备使用数据均值填充并标记。例如，在清查一批实验设备时，发现部分设备缺少购置年份信息，审计人员根据同批次其他设备购置时间及相关采购文件进行补充，并记录为待核实数据，有效提高了数据的完整性。

建立数据质量监控平台，每月生成资产数据质量报告，对数据准确性、完整性等指标进行可视化展示。若资产使用部门数据更新不及时导致完整性指标下降，系统会自动发送预警，督促部门及时整改。

3.审计数据仓库建设升级

构建资产审计专用数据仓库，整合资产管理系统、设备运行监控系统以及外部采集系统的数据。按照资产类别、使用部门、购置时间等维度进行数据集成存储，方便审计人员进行多维度查询分析。审计人员可快速查询某学院在过去五年内购置的所有电子设备清单及其使用状态汇总，大大提高了审计工作的效率。

实施数据分层存储策略，将近期频繁使用的资产实时运行数据存储在高性能存储设备中，以保证快速数据读取与分析；将历史资产购置与处置数据存储在大容量低成本存储介质中，实现存储资源的合理利用。

强化数据安全防护，设置严格的资产数据访问权限，根据审计人员职责划分不同的数据访问级别。对资产价值评估报告、设备核心技术参数等敏感数据进行加密存储与传输，定期进行数据备份并异地存储，防止数据丢失与泄露，为审计数据安全筑牢防线。

（三）审计技术方法创新

1.大数据分析技术应用深化

运用关联分析技术分析资产购置与科研项目立项、教学课程设置之间的关系。例如，发现某专业新增课程但相关教学实验设备购置滞后的问题后，通过关联分析找出负责课程规划与设备采购的部门之间沟通协调的问题，促使学校建立跨部门沟通协调机制，优化资源配置流程，确保教学科研工作的顺利开展。

采用聚类分析技术对资产进行分类管理审计。将资产按照使用频率、维修成本、资产价值等因素进行聚类。当某类高价值且维修成本高昂的仪器设备出现聚类异常时，深入调查是否存在资产闲置浪费或共享机制不完善问题。例如，通过聚类分析发现某学院的一批进口检测设备年使用次数不足 10 次，经调查发现是设备操作复杂且缺乏对外共享渠道。学校据此建立了设备共享培训与预约平台，使该类设备的年使用次数提升至50余次，资产利用率显著提高。

利用预测分析技术，基于资产历史使用数据、技术更新换代周期以及学校学科发展规划，预测资产未来的需求与报废情况。根据某类电子设备的使用年限分布及技术淘汰趋势，预测未来三年内该类设备的更新数量与预算需求，为学校资产购置规划提供前瞻性建议，避免盲目投资。

2.人工智能审计技术应用拓展

开发资产智能审计助手。例如，审计人员输入指令“查询某实验楼内闲置资产清单及闲置时长”，助手迅速在数据仓库中搜索筛选，运用机器学习算法分析资产使用日志数据，生成闲置资产详细报告，包括资产名称、购置时间、闲置原因等信息，为审计人员进一步处理提供依据，审计效率提升了约30%。

应用人工智能图像识别技术进行资产盘点审计。通过对资产实物照片或监控视频图像的识别，验证资产的实际存在状态。例如，在年度资产盘点时，利用图像识别技术快速识别资产标签、外观特征，与资产登记信息比对，发现并追回多件丢失资产，有效防止了资产流失。同时，在资产维修审计中，对维修现场图像进行分析，判断维修工作的真实性与质量，防止虚假维修报销。

构建人工智能资产审计风险评估模型，通过学习大量资产审计案例、学校资产数据及行业动态信息，具备自动识别影响资产审计风险的关键因素的能力，如资产管理制度的健全性、资产使用效益的低下程度等。对资产审计风险进行量化评估，针对不同风险等级的资产项目制定差异化审计策略。对于风险较高的新购置高价值资产项目，加大审计力度，从购置申请、招标采购、验收使用等全流程进行详细审计；对于风险较低的常规办公资产，采用抽样审计方式，提高审计资源利用效率。

3.区块链技术应用升级

将资产购置审批流程、资产变动记录以及资产清查结果等数据存储在区块链上，确保资产数据的不可篡改与真实性。例如，资产报废审批数据一旦被记录在区块链，任何人员无法私自修改报废原因与审批结果，保证了审计追溯的可靠性。

利用区块链智能合约实现资产审计流程自动化。将资产审计的定期清查任务、审计报告生成规则等编写成智能合约。例如，每学期末当资产清查任务启动时，智能合约自动收集本学期资产新增、变动、维修等数据，分析资产数据的合规性与合理性，生成资产清查审计报告初稿，审计人员只需审核完善即可，审计周期缩短了约20%。

借助区块链多节点验证机制，增强资产数据可信度。在区块链网络中，资产管理部门、使用部门、审计部门等多个节点共同参与资产数据的验证与存储。例如，资产调拨信息在各节点同步验证，只有多数节点认可后才正式记录在区块链上，有效防止了资产数据的造假与错误，为资产经济责任审计提供了坚实的数据基础。

三、转型成效

（一）资产清查准确率大幅提高

数智化转型后，资产清查准确率从原来的80%左右提升至95%以上。通过图像识别技术进行实物盘点以及区块链技术保障数据真实性，有效解决了资产账实不符问题。在一次全校范围的资产清查中，利用图像识别技术快速准确地识别了数千件资产，结合区块链数据追溯，发现并纠正了多起资产登记错误与账实不符情况，为学校摸清了资产家底。

（二）资产使用效益显著提升

基于大数据分析与人工智能技术对资产使用情况的精准监测与分析，学校资产闲置率降低了约25%。通过聚类分析发现闲置资产后，学校建立了共享平台并加强调配管理，某类实验设备的平均年使用次数从原来的50次提高到80次，提高了资产的投入产出比，为学校教学科研活动提供了更有力的支持。

（三）审计工作效率与质量双提升

审计项目周期平均缩短约25%，审计发现问题的深度与广度均有延伸。智能审计助手与自动化审计流程减少了人工操作与数据处理时间，大数据分析与人工智能风险评估提高了审计精准度。在某资产购置项目审计中，从传统审计模式下的两周时间缩短到一周内完成，且发现了更多关于预算编制不合理、供应商选择潜在风险等深层次问题，为学校规范资产管理提供了有价值的审计建议。

四、经验与启示

（一）跨部门协作是关键

资产管理审计数智化转型涉及资产管理部门、技术支持部门以及审计部门等多部门。各部门必须打破信息壁垒，建立高效的数据共享与沟通机制，才能确保数智化审计系统的顺利运行与数据的准确采集与应用。资产管理部门及时更新资产信息，技术支持部门保障系统稳定运行，审计部门有效利用数据开展审计工作，共同推动资产管理水平提升。

（二）持续优化技术应用是动力

随着技术不断发展，资产管理审计应持续跟进新技术应用，不断优化审计模型与数据处理算法。根据资产种类与管理需求的变化，调整大数据聚类分析模型的参数与特征选择，提高分析结果的准确性与实用性；及时升级人工智能图像识别技术的算法库，以适应新型资产的识别与审计需求，保持数智化审计的先进性与有效性。

（三）审计结果应用是导向

数智化审计的最终目的是提升资产管理水平与效益。学校应高度重视审计结果应用，建立审计整改跟踪机制，将审计发现的问题及时反馈给相关部门并督促其整改落实。将资产闲置率、使用效益等审计指标纳入部门绩效考核体系，促使各部门主动优化资产管理流程，提高资产使用效率，形成审计与管理的良性互动循环。

案例四：某师范高校科研项目审计数智化转型——基于风险预警与成果转化的双驱动模式

一、案例背景

某师范高校以教育学科为特色，承担大量基础教育改革与教育技术研发项目。随着科研经费规模扩大（年均增长 15%），传统审计模式面临两大痛点：一是风险滞后性，经费滥用、学术不端等问题常在结题时暴露，整改成本高。二是成果转化率低，30%的科研成果止步于论文专利，未能服务教学实践。该校以“风险防控前移+成果转化赋能”为目标（见表4-1），构建科研审计数智化体系，推动审计从“合规检查”向“价值创造”转型。

表4-1　数智化转型核心目标实现路径表

核心目标	关键技术	运行机制
风险预警前移	自然语言处理、知识图谱	风险信号自动捕捉与分级响应
成果转化赋能	预测模型、区块链存证	成果转化路径智能匹配与权益保障

二、核心创新举措

（一）风险预警前移：构建三级风险雷达系统

1.一级风险（立项阶段）

（1）NLP语义分析：解析项目申报书文本，识别“夸大研究基础”“重复立项”等信号。例如，通过与学术数据库比对申报书中“国内外首创”表述，发现某项目实际为已有研究的简单改良。

（2）知识图谱关联：映射“负责人-团队-合作单位”关系网，预警利益冲突（如亲属公司参与设备采购）。

2.二级风险（执行阶段）

动态经费流监测：接入财务系统，建立“科目-进度-成果”关联规则。例如，某项目设备采购费超预算50%，但中期论文成果为理论综述，触发“经费偏离研究目标”预警。

3.三级风险（结题阶段）

学术不端AI检测：训练专用模型识别论文图像篡改、数据造假（如PCR实验条带异常复制）。

（二）成果转化赋能：打通“研-教-产”链条

1.成果价值预测模型

（1）输入变量：成果类型（专利/软件/教改方案）、学科热度、政策支持度等。

（2）输出建议：优先转化路径（校内试点/企业合作/公益推广）。例如，某智能备课系统被预测适合“校内试点→区域推广”，已服务5所附属中学。

2.区块链存证与分成

（1）将成果转化合同、收益分配方案上链，确保教师权益。

（2）智能合约自动执行分成（如企业使用费按比例转入研究者账户）。

三、转型成效

该校审计数智化转型的成效如表4-2所示。

表4-2　转型前后核心指标对照表

维度	改进前	改进后
风险问题发现时效	结题后滞后6个月	执行阶段实时预警（≤7天）
学术不端发生率	年均2.1件	下降至0.3件（↓85%）
成果转化率	28%	提升至52%（↑86%）
衍生经济效益	—	年创造市场价值超3000万元

四、经验与启示

（一）从“合规审计”到“生态治理”

数智化审计需嵌入科研全生态，既要防控风险，又要激活成果价值。例如，将审计预测模型输出纳入学校科研战略委员会决策流程。

（二）平衡“监管”与“创新”

针对教育研究的探索性特点，设置“宽容期”机制——对高风险但高价值的项目允许试错，审计重点从“纠错”转向“容错辅导”。

（三）构建开放审计平台

构建开放的审计平台，与地方教育局、教育科技企业共建审计数据池，共享风险规则与转化案例，推动行业协同治理。

第五节　高校经济责任审计数智化转型实操——以Y高校为例

一、转型背景与目标

（一）背景阐述

在以往的发展历程中，Y高校的传统经济责任审计模式逐渐成为制约学校管理效能提升的瓶颈。过去依赖人工操作的审计流程，效率极为低下，一个常规规模的经济责任审计项目，从筹备到出具最终报告，往往要耗费数月时间。审计人员须手动翻阅海量的纸质文档，逐一核对账目，仅数据整合与初步分析就占用了大半时间，致使审计结果反馈滞后，错过最佳的问题整改与风险防控节点。而且，传统审计在数据分析深度上存在严重不足，仅仅对财务报表、报销凭证进行简单汇总与基础运算，面对复杂的经费流向、资产动态管理，难以深挖潜藏在数据背后的逻辑关系与潜在风险。例如，对于科研经费在多个项目间的交叉使用、大型基建项目成本超支风险点的提前预判等，传统手段都显得力不从心。

随着数字化、智能化时代的汹涌来袭，高校内部管理复杂度呈指数级攀升。高校的资金来源不再局限于财政拨款，社会捐赠、校企合作科研经费、国际交流项目资金等多元渠道不断涌现。业务场景愈发复杂，在线教育、虚拟实验室建设、跨学科科研合作等新业务形态带来全新的管理挑战，对风险防控的时效性、精准性要求达到前所未有的高度。

放眼同行业，已有不少高校在数智化审计领域取得亮眼成绩，为Y高校提供了宝贵借鉴。A高校引入智能算法后，审计效率相比以往提升近3倍，以往半年的审计任务如今两个月就能高质量完成；B高校构建了数据中台，整合校内分散的数据资源，让风险识别准确率飙升至 90%，成功拦截多起潜在的财务违规事件。这些成功案例，清晰地为 Y 高校指明了数智化转型的方向。

下面简要介绍目前 Y 高校经济责任审计基本情况。

1.机构设置

Y 高校审计处是学校主管内部审计的行政职能部门，主要负责对学校及所属单位的财政财务收支、经济业务活动、内部控制、风险管理等实施独立、客观的监督、评价和建议，以促进学校完善治理、提高办学效益和实现学校目标。具体职责如下：

（1）依照有关法律法规和内部审计准则，结合实际情况，起草制定学校内部审计规章制度；

（2）对贯彻落实国家重大政策和学校党委、行政的重大决议决定情况进行审计；

（3）对发展规划、战略决策、重大措施以及年度业务计划执行情况进行审计；

（4）对财政财务收支和预算管理情况进行审计；

（5）对国有资产管理、基本建设、维修改造进行审计；

（6）对内部控制及风险管理情况进行审计；

（7）对资金、资产和资源的管理和效益情况进行审计；

（8）对办学、科研、后勤保障等主要业务活动的管理和效益情况进行审计；

（9）对学校中层领导人员履行经济责任情况进行审计；

（10）对境外机构、境外资产和境外经济活动进行审计；

（11）对自然资源资产管理和生态环境保护责任的履行情况进行审计；

（12）协助学校领导督促落实审计发现问题的整改工作；

（13）对所属单位内部审计工作进行管理、指导和监督；

（14）承办上级有关部门和学校交办的其他事项。

目前，Y 高校审计处共有 6 人，具体情况如表 4-3 所示。

表 4-3　审计处人员职务与工作职责一览表

序号	职务	工作职责
1	处长	主持审计处全面工作
2	正科级审计员	财务项目审计
3	审计员	
4	审计员	
5	正科级审计员	工程项目审计
6	审计员	

2.Y 高校现阶段经济责任审计相关资料

（1）经济责任告知书

党组织主要负责人经济责任告知书

××单位××同志：

为了使您进一步明确领导干部应当履行和承担的经济责任，现将经济责任的具体内容和经济责任审计的有关要求书面告知您。

1. 贯彻执行党和国家经济方针政策、决策部署，推动本单位科学发展；严格遵守上级和学校有关经济法律法规和财经纪律，不得以任何理由、任何形式设置账外账、小金库。

2. 根据学校中心工作和本单位职责，把握本单位工作方向，统筹制定本单位事业发展规划。

3. 严格执行“三重一大”集体决策制度，建立健全本单位集体领导、党政分工合作、协调运行的工作机制，规范党委会、党政联席会议制度，完善议事决策规则和程序，坚持科学民主决策。

4. 研究本单位重要项目安排、人力资源配置和岗位设置、人事考核和分配、经费预算、财务收支等重大经济事项，促进合理配置资源，发挥资源效益，实现任期经济责任目标。

5. 加强对本单位经济活动的监管，督促本单位内部控制等管理制度的建立、完善和执行。

6. 管好用好党组织经费和其他负责分管的经费。

7. 落实中央八项规定精神，厉行节约反对浪费。

8. 严格落实有关党风廉政建设责任制第一责任人职责，严格遵守领导干部廉洁从政有关规定。

9. 负责前任遗留问题和遗留事项的接续处理，负责以往审计、检查中发现问题的整改落实。

10. 国家和上级要求的其他应履行的经济责任。

在您任职期间或离任时，按照干部管理权限，学校将根据《中华人民共和国审计法》《党政主要领导干部和国有企事业单位主要领导人员经济责任审计规定》《教育部直属高校和直属单位主要领导人员经济责任审计规定》等有关法律法规以及学校经济责任审计规定，对您任职期间履行经济责任情况进行审计，并做出客观公正、实事求是的评价。审计结果将存入干部管理档案，同时将作为考核、任免和奖惩的重要依据。

本告知书一式四份，请您在阅读本告知书后签署回执，分别由您本人、所在单位、审计处、党委组织部留存。

Y 大学审计处

年　　月　　日

回执

《党组织主要负责人经济责任告知书》已收悉，我已认真阅读其中内容，并承诺按照相关规定认真履行经济责任。

本人签名：

年　　月　　日

（2）经济责任审计实施方案

××年 Y 大学中层主要领导干部经济责任审计实施方案

（党组织主要负责人）

为加强学校对校属单位党政主要领导干部的管理监督，推动所在单位（部门）事业发展，促进领导干部履职尽责担当作为，按照××年审计工作安排，特制定经济责任审计实施方案，具体如下：

一、审计目的

经济责任审计以促进领导干部推动学校及所在单位（部门）高质量发展为目标，以领导干部任职期间本单位（部门）财务收支以及有关经济活动的真实、合法和绩效为基础，重点检查领导干部守法、守纪、守规、尽责情况，加强对领导干部行使权力的制约和监督，推进领导干部履行经济责任和党风廉政建设主体责任，促进学校治理体系和治理能力现代化。

二、审计依据

《党政主要领导干部和国有企事业单位主要领导人员经济责任审计规定》《教育部直属高校和直属单位主要领导人员经济责任审计规定》《内部审计具体准则-经济责任审计》《Y大学校属单位党政主要领导干部经济责任审计实施办法》《Y大学校属单位党政主要领导干部任前经济责任告知办法》以及学校和部门有关规章制度。

三、审计范围、重点

（一）审计范围

落实学校经济责任审计文件要求，××年对部分领导干部经济责任开展任中审计。

（二）审计重点

在财务收支审计的基础上，核查被审计领导干部任职期间所在单位（部门）财务收支工作目标完成情况，重要发展规划和政策措施制定、执行和效果情况，重大经济事项的决策、执行和效果情况，单位内部控制建设及执行情况，以及被审计领导干部个人遵守国家财经法规和廉政规定情况等。分清被审计领导干部对财务收支真实性、合法性和效益性以及有关经济活动应当负有的领导责任和直接责任，是本次审计的重要方面。

四、审计时限

××年×月×日至××年×月×日

五、审计方式

本次审计采取送达审计与就地审计相结合的审计方式进行。

六、具体实施步骤

（一）审计准备阶段

1. 召开审计工作领导小组会议，审计处组成审计组与被审计领导干部及其所在单位（部门）有关人员、党委组织部，就本次审计工作召开审计进点见面会，安排经济责任审计工作有关事项。

2. 编制审计实施方案，×月×日前送达审计通知书。

3. 审计组公示审计项目名称、审计纪律要求和反映问题渠道等内容。

4. 被审计领导干部及其所在单位（部门），以及其他有关单位根据审计通知书的要求，及时、准确、完整地提供审计资料，对所提供资料的真实性、合法性、完整性负责。

（二）审计实施阶段

按审计内容实施审计，时间顺序可根据实际情况进行调整，审计内容可交叉进行。审计组在实施审计的过程中，发现方案不适应实际需要时，可以根据具体情况，按照规定及时调整。

1. 审计组听取审计工作领导小组有关成员单位的意见，以及被审计领导干部及其所在单位（部门）领导班子成员的意见；及时了解与被审计领导干部履行经济责任审计有关的考察考核、群众反映、巡视巡察反馈、组织约谈、函询调查、案件查处结果等情况。

2. 党组织主要负责人应当履行的经济责任，主要包括：

（1）部门"一把手"监督主体责任的落实情况；贯彻执行党和国家经济方针政策、决策部署，推动本单位科学发展；严格遵守上级和学校有关经济法律法规和财经纪律，不得以任何理由、任何形式设置账外账、小金库。

（2）根据学校中心工作和本单位职责，把握本单位工作方向，统筹制定本单位事业发展规划并推动有效执行。

（3）严格执行"三重一大"集体决策制度（防止"一把手"任性决策和以权谋私），建立健全本单位集体领导、党政分工合作、协调运行的工作机制，规范党委会、党政联席会议制度，完善议事决策规则和程序，坚持科学民主决策。

（4）研究本单位重要项目安排、人力资源配置和岗位设置、人事考核和绩效分配、经费预算、财务收支等重大经济事项，促进合理配置资源，发挥资源效益，实现任期经济责任目标。

（5）审议和督查本单位管理制度的建立和执行，督促本单位内部控制等管理制度的建立、完善和执行。

（6）管好用好党组织经费和其他负责分管的经费。

（7）落实中央八项规定精神，厉行节约反对浪费。

（8）严格落实有关党风廉政建设责任制第一责任人职责，严格遵守领导干部廉洁从政有关规定。

（9）负责前任遗留问题和遗留事项的接续处理，负责以往审计、检查中发现问题的整改落实。

（10）国家和上级要求的其他应履行的经济责任。

（三）形式安排

1. 查阅被审计领导干部经济责任履职情况报告。

2. 查阅任职单位（部门）领导分工、工作计划、工作总结、有关会议记录、目标责任书、经济合同、协议书、以往审计发现问题整改等资料。

3. 查阅任职单位（部门）内部制度（包括但不限于财务管理办法和内部控制制度）。

4. 查阅任职单位（部门）党建专项资金、业务经费管理使用和效益情况相关资料。

5. 查阅任职单位（部门）资产清单和采购合同清单等。

6. 查阅与被审计领导干部履行职责相关的电子数据和必要的技术文档。

7. 审计过程中，必要时将采取书面调查、个别座谈等形式，向相关年份和相关单位（或个人）就有关问题进行追溯审计和延伸审计。

（四）整理报告阶段

1. 整理审计底稿，撰写审计报告初稿。

2. 书面征求被审计领导干部及所在单位（部门）对审计报告初稿的意见。

3. 根据被审计领导干部及所在单位（部门）反馈的书面意见，审计组进行研究和核实，并对审计报告进行必要的修改或者补充。

4. 审计处负责人对审计组提交的审计报告以及相关审计事项进行复核、审理。

（五）审计终结阶段

1. 将经过复核审理的审计报告报请审计工作主管校领导审批签发。

2. 将审计报告送达被审计领导干部及所在单位（部门）。审计处在经济责任审计报告基础上，精简提炼形成审计结果报告。经济责任审计报告、经济责任审计结果报告报送党委组织部，并根据工作需要送纪检监察部门等审计工作领导小组的成员单位。

3. 督促涉及单位（部门）在收到审计报告之日起60日内完成整改，并报送书面整改材料。审计处对整改情况进行跟踪检查。

4. 整理经济责任审计纸质版及电子版归档材料。

七、工作要求

（一）提高认识，严密组织实施。以高度的政治责任感和历史使命感，牢固树立大局意识、责任意识和团结意识，做好本次审计工作。

（二）严格履职，确保审计质量。要按照审计实施方案的重点内容，做到程序合规、取证充分、定性准确；要严谨细致，保持审计报告数据与审计表格相关数据的一致性；要深入分析原因，找准问题症结，提出审计建议。

（三）强化管理，严守工作纪律。审计过程中，注意工作方式方法，切实做到依法审计、文明审计；对审计中获取的相关信息，审计人员要严格保密，未经批准，任何人不得对外披露。

Y大学审计处

××年×月×日

（3）经济责任审计流程图

Y 高校经济责任审计流程图如图 4-1 所示。

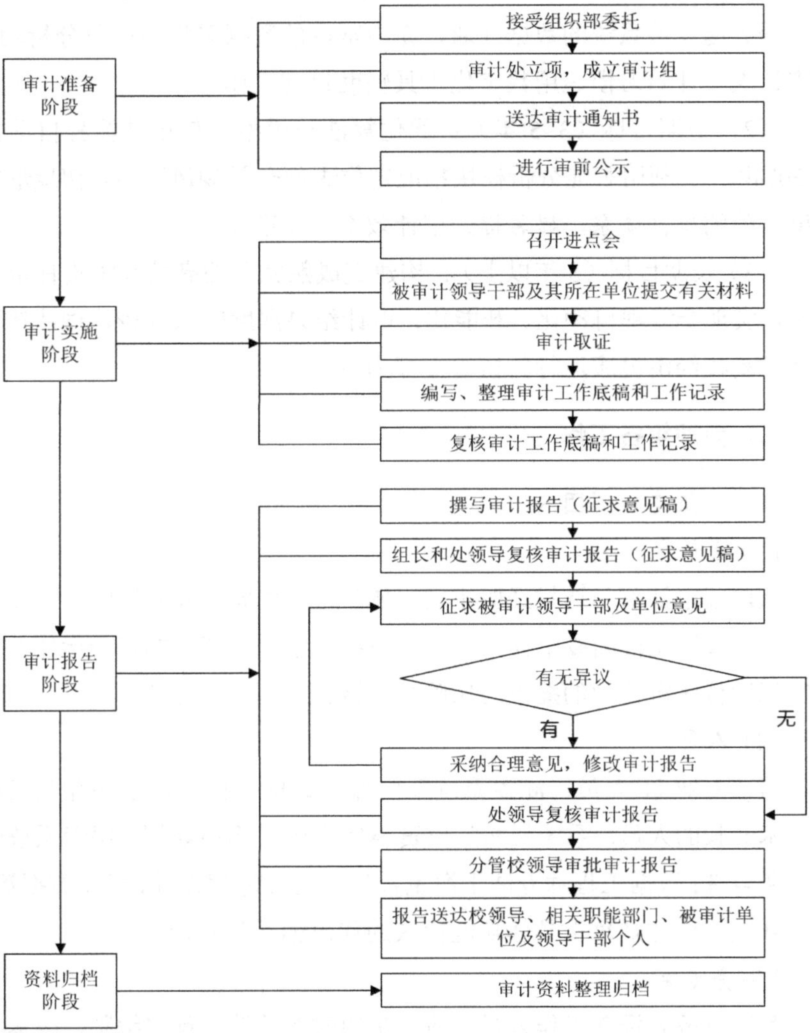

图 4-1　经济责任审计流程图

（二）转型目标设定

明确不同阶段的转型目标，指引整个转型进程。

（1）短期目标（1~2 年）：初步搭建起数智化审计的数据流转框架，实现部分关键业务系统的数据连通，完成基础的数据采集与简单分析功能上线，让审计人员开始习惯运用数字化工具辅助日常工作。

（2）中期目标（3~5 年）：优化算法与模型，使审计流程自动化程度达到 50%以上，利用智能分析模块精准定位大部分常规风险点，初步形成涵盖多维度风险的预警体系，显著提升审计效率与精准度。

（3）长期目标（5 年以上）：构建起成熟完善的高校经济责任审计数智化生态，实现全流程自动化、智能化，审计结果深度融入高校治理决策体系，成为保障高校经济健康运行的核心支撑力量。

二、前期筹备工作

（一）组建转型团队

1.审计专员

从内部审计部门选拔经验丰富、熟悉高校经济业务流程以及审计规范的专员。他们长期扎根高校审计工作，了解不同学院、部门的资金运作特点，能够精准识别传统审计中的痛点与风险高发区，可以为转型提供一手实践经验。

2.IT 人员

聘请专业 IT 人员，涵盖系统架构师、数据工程师、软件开发工程师等不同技术专长的人员。系统架构师负责整体平台架构的规划，保障系统的可扩展性与兼容性；数据工程师专注于海量数据的处理流程设计，优化数据流转效率；软件开发工程师则负责具体功能模块的代码编写与实现。

3.财务专家

邀请财务处资深工作人员，他们精通财务核算、预算编制、成本控制等财务流程，能够对数智化采集到的数据进行财务维度的深度解读，协助确立精准的财务风险评估指标。

4.外聘顾问

外聘行业内知名的审计专家、高校管理学者，或是在数智化转型领域有突出成果的咨询师。他们可带来外部前沿理念、先进技术应用案例，有助于突破高校内部思维局限，为转型规划注入新思路。

（二）需求调研与分析

1.校领导访谈

与校领导展开深度访谈，了解高校整体发展战略、未来几年重点建设项目与资金投向。例如，若高校计划大力发展新兴学科，大规模投入科研设施建设，审计工作就要重点关注科研经费管理、新学科资源配置的合规性与效益性，从而确定数智化转型要优先满足的审计监督需求。

2.部门负责人交流

和财务、科研、基建、后勤等各部门负责人交流，全方位收集不同业务场景下的审计诉求。财务部门能反馈日常报销审核、预决算流程的烦琐点；科研部门介绍科研项目申报、经费使用监管难题；基建部门诉说工程招投标、款项支付环节潜在风险。

3.过往审计报告复盘

梳理近 5~10 年的高校经济责任审计报告，统计高频出现的问题，如经费挪用、固定资产账实不符、合同审批漏洞等，从中总结出共性需求，明确数智化转型需重点攻克的风险防控方向。

三、战略规划布局

（一）制定转型路线图

1.设定关键时间节点

第一个月完成转型团队的组建与需求调研，为后续工作筑牢根基；第三个月全面启动平台选型调研，接触市面主流产品与技术方案；第六个月实现平台初步上线，开启内部测试优化；第九个月筹备试点推行方案。后续各环节紧密衔接，精确到月，层层递进，保障转型节奏紧凑有序。

2.任务分解与排序

秉持先夯实数据底层架构，再雕琢功能模块，而后开展全方位测试优化的科学思路。先集中精力打通数据链路、清洗整合数据，为上层建筑提供稳固基石；接着精心打造项目管理、智能分析等功能模块；最后通过多轮严格测试，查漏补缺，确保整个系统成熟稳健。

（二）预算编制

细致核算转型所需各项成本，保障资金合理配置。

1.人力成本

涵盖为提升人员技能开展培训课程的费用、外聘顾问的咨询服务费等，预计占总预算的30%左右。

2.技术投入

软件采购费用，如选用市面成熟审计软件的授权费；硬件升级费用，如购置大容量存储服务器；算法研发投入，即开发专属高校的风险识别、数据分析算法支付给技术团队的费用，约占40%。

3.运维成本

后续数据存储扩容、系统安全防护软件订阅、日常技术支持人力费用，大概占30%，确保转型后的系统稳定、安全运行。

四、数据工程建设

（一）数据采集

1.多源系统互联打通数据孤岛

Y高校内部各业务系统犹如一个个数据“孤岛”，打通其间壁垒是关键。财务系统作为资金流转中枢，存储着每一笔经费收支明细、预算执行进度；资产管理系统掌握着固定资产购置时间、折旧状况、使用部门；科研管理系统追踪科研项目申报立项、经费下拨、中期检查与成果验收全流程；人事系统留存教职工薪资待遇、岗位变动信息。利用接口技术RESTful API或Web Service，精心搭建数据传输“高速路”，实现各系统间数据实时或定时交互，确保审计平台能抓取最新、最全的一手数据，告别过去人工跨系统查询、汇总的低效模式。

2.ETL 管道构建清洗治理引擎

ETL 工具宛如数据的“智能搬运工”与“加工匠”。抽取环节，它能依据预设规则，精准定位各系统数据源，无论是关系型数据库表，还是分布式文件存储中的数据，都能被高效抽取。转换环节，针对不同系统数据格式的差异，如日期格式“MM/DD/YYYY”与“YYYY - MM - DD”并存，金额小数位不一致等，统一调整格式、规范编码；针对一些语义模糊数据，利用映射表、数据字典将其转换为标准术语。加载环节，将处理后的数据精准输送至目标数据仓库，保障数据就位准确、高效，为后续分析筑牢基础。

3.多模态融合挖掘非结构化数据

合同、发票、科研报告等非结构化数据蕴含着丰富审计线索（见表 4-4），却难以直接利用。OCR 光学字符识别技术闪亮登场，它可以通过扫描纸质文档将文字图像转化为电子文本。随后，借助自然语言处理技术，如词性标注、句法分析，精准提取关键信息。从合同文本里抠出合同双方主体、金额、履约期限、违约责任条款；在发票上识别发票号码、开票日期、金额、税率等核心要素；于科研报告中提炼项目预算明细、预期成果、实际完成情况，让这些沉睡的数据“苏醒”，融入结构化数据大家庭，拓宽审计数据视野。

表 4-4　经济责任审计项目数据采集详表

序号	数据性质	采集部门	采集数据
1	特性数据	审计对象所在单位	机构设置，领导职责分工，会议记录、纪要、决议，内部控制机制，议事决策机制（党政联席会议制度、院长办公会议事规则、“三重一大”决策制度等文件），重大物资与服务采购资料，绩效分配方案，绩效分配表，绩效发放表，负有责任的经费统计表
2	共性数据	财务部门	学校各单位预算、收支明细账
3		教务部门	学校各单位课程安排表、教学工作量统计表
4		人事部门	学校各单位绩效分配依据、计算表、绩效发放登记表

（续表）

序号	数据性质	采集部门	采集数据
5		审计部门	高校经责审计依据的政策法规，以往审计结果、审计整改情况
6		采购部门	学校各单位采购预算申请、采购招标、采购合同等采购资料
7		纪委部门	领导干部廉洁自律情况、已查处违规违纪情况

（二）数据清洗与整合

1.冗余数据清理

编写智能脚本，依据特定规则筛除重复报销记录、无效资产登记信息、过时的项目基础数据等冗余内容，经过多轮清理，约15%的无效数据被精准剔除，大大减轻数据存储与分析负担。

2.数据标准化

统一日期格式，规范为“YYYY - MM -DD”；经费科目编码遵循最新国家标准，让全校数据口径一致。无论是财务数据、科研经费，还是资产台账，都遵循同一套规范，提升数据兼容性与分析准确性。

3.关联数据整合

运用数据匹配算法，关联项目立项与经费到账数据，经过反复调校，匹配率从原本的60%显著提升至95%，让每一笔经费都能精准对应所属项目，还原资金流转全貌。

（三）数据存储与安全

1.数据仓库架构

精心构建三层数据仓库体系。贴源层存储原始数据，保留数据初始状态，便于追溯；明细层整合清洗后的精准数据，为数据分析提供可靠素材；汇总层提前预计算、汇总关键指标数据，加速上层应用调用，提升系统响应速度。

2.加密技术运用

选用国际认可的 AES 加密算法，对师生薪资数据、科研涉密数据等敏感信息，在传输与存储环节全程加密。从数据源端加密打包，到网络传输加密隧道，再到存储端加密保存，确保数据全生命周期安全无虞。

3.数据备份方案

制定周全的备份策略，每周执行全量备份，完整复制数据仓库所有数据；每日增量备份，仅捕捉新增与变更数据，节省存储空间。同时，将备份数据副本传输至异地灾备中心，以防本地遭遇不可抗力灾难导致数据灭失。

五、平台搭建进程

（一）选型决策

1.市面软件调研

调研市场上主流的高校审计软件，考查其：功能完整性，是否涵盖项目管理、风险预警、报告生成等核心模块；易用性，操作界面是否简洁直观；售后支持，软件商能否及时响应故障修复、功能升级需求；价格合理性，综合对比各软件的采购成本与后续服务费用。

2.自研可行性分析

评估自身 IT 团队技术实力是否具备系统架构设计、算法研发能力；考量开发周期，预估自研平台从立项到上线所需时长，是否契合转型时间规划；分析成本效益，对比自研投入与采购成熟软件的长期花费，权衡自研的自主可控优势与潜在风险。

（二）功能架构设计

该校经济责任审计数智化转型的功能架构如图 4-2 所示。

1.项目管理模块

打造一站式项目管控中枢，从审计项目申报环节开始，在线提交申报材料、审批流程自动化流转；立项后精准分配任务至各审计人员，实时跟踪任务进度，以甘特图直观展示，逾期自动预警，全程把控项目节奏。

图 4-2　高校经济责任审计数智化转型的功能构架图

2.智能分析模块

植入聚类算法剖析经费流向，按项目类型、学科领域聚类，洞察资金分配合理性；关联规则挖掘查找潜在利益输送风险，关联报销人、供应商、审批人关系，挖掘异常关联线索。

3.预警推送模块

针对预算超支、异常报销、审批超时等关键风险点，科学设定阈值。一旦触发，实时推送消息至审计人员手机端、工作邮箱，附带详细风险提示与数据支撑，助力快速响应。

4.报告生成模块

模板化输出图文并茂审计报告，内置多种可视化图表模板，一键生成资金流向图、风险热力图、问题占比饼图，搭配精准文字阐述，让审计成果一目了然。

（三）系统集成与测试

1.接口开发

打通与校内 OA 办公系统接口，实现审计任务推送、审批流程嵌入办公流程；与财务核算系统深度对接，实时获取最新账目数据；与资产系统连通，同步资产增减变动，让数据在多系统间无缝流转。

2.测试联调

先开展单元测试，逐个校验功能模块代码准确性；接着集成测试，模拟多模块协同场景，排查交互问题；最后邀请审计员模拟实操，收集真实使用反馈，修复漏洞与瑕疵，打磨系统至可用状态。

一是数据采集环节：向审计对象所在部门采集特性数据，向财务、教务、人事、审计、采购及纪委 6 个部门采集审计对象共性数据。二是数据预处理环节：对采集的数据按照重点审计的 5 个方面内容进行预处理。三是搭建审计项目数据库环节：建立高校处级领导经济责任信息管理数据库，搭建高校经责审计数据库。四是实施数据分析环节：以问题为导向，以数据库为依托，实施数据统计分析和可视化分析。五是初步形成审计评价环节；根据数据分析结果，初步形成审计评价。六是获得切实审计证据环节：结合现场审计，对疑点进行确认，获得切实审计证据。七是形成最终审计结论环节：综合线上数据审计和现场审计结果，得出审计结论。如图 4-3 所示。

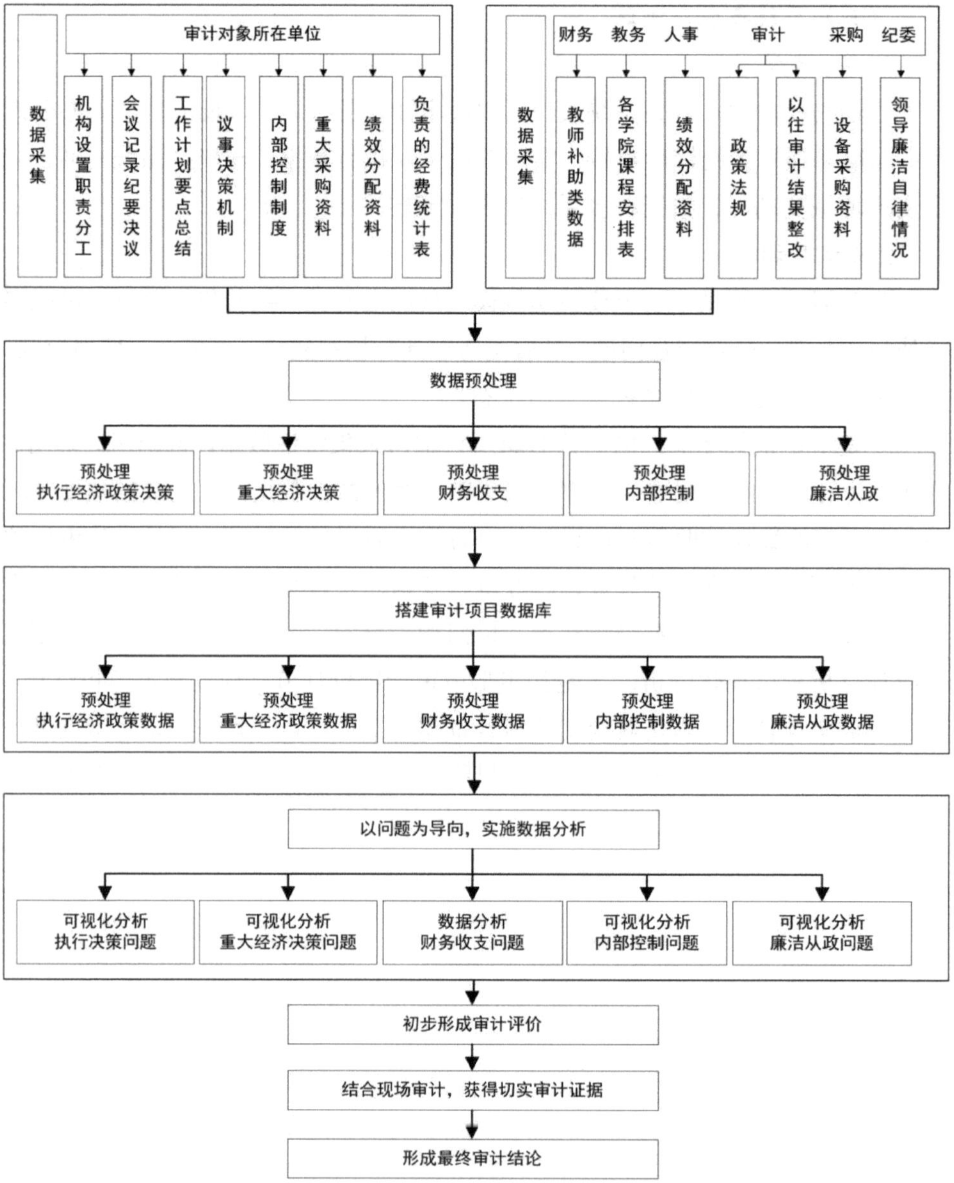

图 4-3　高校经济责任数智化审计模型体系构建图

六、人才赋能计划

（一）分层培训体系

1.审计骨干进阶培训

选派业务骨干深度学习算法在审计复杂场景中的应用，掌握构建风险预测模型、异常检测模型的核心技能，推动技术落地。

2.全员基础培训

精心组织 3 场全校审计通识培训，通过理论讲解、实操演示、案例分享，普及新的审计流程、数智化工具操作方法，提升全员审计意识与基础实操能力。

（二）培训资源筹备

1.邀请外部讲师

积极邀请资深审计专家、知名高校教授来校授课。提前半年与专家沟通定制课程，确保分享内容紧贴高校实际，既有前沿理论，又有实战案例，让学员开阔视野，学有所思。

2.制作内部教程

组织校内专家编写操作手册，从平台功能详解、数据查询技巧到常见问题解答一应俱全；录制培训短视频，每个视频聚焦一个关键知识点，时长控制在 10~15 分钟，方便学员进行碎片化学习，随学随用。

七、试点运行优化

（一）试点单位选取

综合多维度考量，选定业务涵盖教学、科研、校企合作较为广泛的理学院作为试点先锋。该学院年经费规模达 3000 余万元，人员规模为 300 余人，业务场景丰富复杂，能充分检验数智化审计平台在不同业务情境下的适应性与有效性。

（二）反馈收集与优化

1.建立反馈渠道

线上发布详细电子问卷，收集到 200 余条针对性意见；线下组织 3 场教工座谈会，每场持续 2 小时，鼓励教工畅所欲言。

2.针对性优化

依据反馈，迅速优化预警指标 3 项，让风险判断更精准；简化操作界面 3 处，提升用户交互友好度，让平台更贴合用户习惯。

八、全校推广实施

（一）推广策略：权责明晰与风险预警双轮驱动

聚焦高校经济责任审计“权力运行监督”与“履职效能评价”两大核心目标，制定分层渗透策略。

1.精准宣传矩阵

（1）面向领导干部编制《经济责任审计数智化履职指引》，结合岗位特征定制宣传内容：针对学院院长，重点推送学科建设经费绩效评价、资产配置合规性自查模块；针对职能部门负责人，突出预算执行动态预警、招标采购智能审计工具。

（2）开设“审计风险防控”虚拟仿真课程，模拟科研经费虚列、资产闲置追责等场景，通过交互式案例教学强化责任意识。

2.立体支持体系

（1）组建“审计+纪委+信息化”联合支持团队，设置经济责任审计专线（如科研利益冲突咨询专席、资产流失举报通道），实时解析《Y 大学校属单位党政主要领导干部经济责任审计实施办法》等制度要求。

（2）开发智能问答知识库，内置经济责任高频问题（如“横向课题结余资金处置合规路径”“设备共享收益分配权责界定”），支持语音检索与情景化解答。

（二）分步实施：场景化适配与责任链条贯通

按“试点验证—流程固化—全面覆盖”三阶段推进，强化经济责任审计特性。

1.教学单位先行

以学科建设经费审计为突破口，在平台预置“学科带头人责任清单”，实时抓取设备使用率、人才引进配套经费执行率等数据，自动生成《学科负责人经济责任履职报告》，解决“重投入轻效益”痛点。

2.行政部门深化

打通财务预算、招标采购等系统，构建“权力运行轨迹图谱”：自动标记超标准接待、未公开招标等高风险节点，向分管领导推送《Y 大学校属单位党政主要领导干部任前经济责任告知办法》，同步抄送审计委员会，压实“一岗双责”。

3.科研机构攻坚

针对科研“放管服”改革痛点，加载经费智能审计规则包（如自然基金间接费用分摊校验、横向课题税价分离合规审查），建立“项目负责人-学院-学校”三级责任追溯链，实现“虚假报销智能拦截、成果转化利益关联自动披露”。

（三）长效保障：责任传导与动态迭代

将平台使用纳入干部经济责任考核，设置“审计预警响应及时率”“历史问题整改率”等量化指标，考核结果与职务晋升、绩效奖励挂钩。同步建立“预警问题溯源—制度漏洞修补—系统规则更新”闭环机制，例如，针对设备闲置预警高频触发问题，推动修订《大型仪器设备共享管理办法》，并将新规条款自动嵌入审计模型，持续提升治理效能。

九、持续优化升级

（一）绩效评估机制

1.效果对比

定期对比传统审计与数智化审计模式。结果显示，新方式下审计效率提升 60%，以往需半年的大型审计项目如今两个多月就能完成；发现的风险数量相比过去翻了番，隐蔽风险无处遁形。

2.成本效益核算

精细核算投入产出比，涵盖平台建设、人员培训等各项成本，通过挽回潜在损失、提升资金使用效率，预估可创造显著效益，为转型的持续推进提供有力支撑。

（二）迭代更新规划

1.算法更新

紧跟国家最新审计法规、行业规范，及时更新风险识别算法。融入新的监管要求、合规要点，提升合规性筛查能力，让审计系统时刻符合最新监管标准。

2.功能拓展

密切关注高校新兴业务，新增针对新兴在线教育业务的审计功能，从课程收费监管、师资报酬合规性等维度强化审计；针对高校碳中和目标，增添节能减排项目审计模块，适配高校业务新变革。

第五章　高校经济责任审计数智化转型的挑战与对策

第一节　面临的挑战

随着信息技术的快速发展，高校经济责任审计正迎来数智化转型的迫切需求与必然趋势。然而，在这一转型过程中，我们也面临着诸多挑战。

一、技术成熟度与稳定性问题

当前的人工智能和大数据技术在审计领域的应用仍处于初级阶段。虽然这些技术在一定程度上提高了审计效率，但仍然存在诸多问题。例如，人工智能在处理复杂的经济业务时，可能会出现误判或漏判的情况。此外，大数据分析技术对于海量数据的处理能力有限，难以满足高校经济责任审计的需求。因此，我们需要不断研发和优化审计相关的信息技术，提高技术的成熟度和稳定性。

二、数据安全与隐私保护

随着数智化审计的推进，审计数据的规模和复杂性不断增加。这些数据中包含了大量的个人隐私和商业秘密，一旦泄露，将对个人和高校造成不可估量的损失。因此，我们必须采取严格的数据安全措施，确保数据的保密性、完整性和可用性。具体措施包括：加强网络安全防护，建立完善的数据访问权限控制系统，对敏感数据进行加密存储和传输，定期进行数据备份和恢复演练等。

三、审计人员的技术与观念转变

数智化审计要求审计人员不仅要具备扎实的审计专业知识，还要掌握一定的信息技术和数据分析技能。这要求审计人员在日常工作中不断学习和积累，提高自身的综合素质。同时，审计观念也需要从传统的“查错纠弊”转变为“风险导向”。这意味着审计人员要更加注重对风险的识别、评估和控制，而不仅仅是查找错误和漏洞。

第二节　应对策略与建议

一、加强技术研发与创新

随着科技的快速发展，高校经济责任审计数智化转型已经成为一种必然趋势。加强技术研发与创新是推动审计数智化进程的关键所在。以下将从多个方面阐述如何加强技术研发与创新，以应对高校经济责任审计数智化转型面临的挑战。

首先，要加大投入，提高研发能力。高校应设立专门的研发部门，整合校内外资源，投入充足的研发资金，吸引优秀人才，提升研发团队的整体实力。同时，要关注国内外审计技术的前沿动态，引进先进技术，为审计数智化提供技术支持。其次，要推动产学研合作，实现技术创新。高校应与科研院所、企业建立紧密的合作关系，共同开展审计数智化技术的研发与应用。通过产学研合作，可以充分利用各方资源，提高研发效率，加速技术创新。再次，要注重人才培养，提高研发团队的综合素质。高校应加强审计、计算机等相关专业人才的培养，注重理论与实践相结合，培养具备创新精神和实践能力的研发人才。此外，还可以通过举办各类竞赛、研讨会等活动，激发研发团队的创新意识。最后，要建立健全激励机制，鼓励技术研发与创新。高校应设立技术创新奖励基金，对在审计数智化技术研发中取得突出成绩的团队和个人给予奖励。同时，要建立科技成果转化机制，将研发成果转化为实际应用，推动审计数智化进程。

二、完善数据安全管理体制

数据是审计数智化的核心要素，确保数据安全是审计数智化转型的关键环节。以下将从几个方面阐述如何完善数据安全管理体制。首先，要建立健全数据安全管理制度。高校应制定数据安全政策，明确数据安全管理的目标、范围、责任和措施，制定数据安全操作规程，规范数据采集、存储、处理、传输和销毁等环节的操作，确保数据安全。其次，要加强数据安全防护技术。高校应采用先进的数据加密、身份认证、访问控制等技术，保护数据在存储、传输和使用过程中的安全。同时，还要定期对数据安全防护系统进行检测和评估，确保其有效性和可靠性。再次，要建立数据安全应急响应机制。高校应制定数据安全应急预案，明确应急响应的组织架构、流程和措施。一旦发生数据安全事件，能够迅速启动应急预案，采取有效措施，降低损失。最后，要加强数据安全意识教育。高校应开展数据安全意识教育活动，提高全体师生对数据安全的重视程度，加强对数据安全管理人员的技术培训，提高其专业素养和应对数据安全事件的能力。

三、推动审计人员培训与转型

审计数智化转型对审计人员的素质和能力提出了新的要求。以下将从几个方面阐述如何推动审计人员培训与转型。首先，要加强审计人员的业务培训。高校应定期组织审计人员参加业务培训，学习审计法规、政策、技术和方法，提高审计人员的业务水平。此外，还可以通过线上培训、业务研讨等方式，拓宽审计人员的知识面。其次，要提高审计人员的综合素质。高校应加强审计人员的跨学科知识培训，使其具备计算机、数据分析等相关技能。同时，要注重审计人员的职业道德教育，培养其廉洁自律、严谨细致的工作作风。再次，要推动审计人员的转型。高校应鼓励审计人员向数据分析、风险评估等方向发展，成为具备数智化审计能力的专业人才。同时，要为审计人员提供职业发展通道，激发其转型动力。最后，要建立激励机制，鼓励审计人员参与数智化审计项目。高校应设立审计创新奖励基金，对在数智化审计项目中取得突出成绩的审计人员给予奖励。同时，要将审计人员的培训成果与职称评定、职务晋升等挂钩，形成正向激励机制。

数智化审计可以帮助高校内部审计跳出传统的内审局限，满足大数据环境下外部监管机构、高校管理者、各二级单位对审计的及时性、全面性、完整性、客观性的要求，实现内部审计质的飞跃。在高校内部审计数智化转型的实践中，必须关注和把握好以下几个方面：

（1）审计的数智化转型是审计人员思维和理念的转型。数智化审计是对传统项目制下的审计模式、审计方法、审计程序的一次大变革，更加强调风险导向、问题导向、数据导向，帮助审计人员在开展审计项目时，从繁杂的文本抽样、数据整理、审计测试中解放出来，能够投入更复杂的风险识别和价值分析中去。因此数智化审计需要审计人员从定性的经验思维转变为定量的结构化思维，把传统的文本化审计要点转化为基于数据和规则的量化检查机制；从单业务的孤立分析思维转变为跨职能的协同分析思维，通过人、财、物各系统数据的互联互通来分析和发现风险；从只关注内审的单一思维转变为吸纳多领域知识的跨界思维，尤其要融合经济业务、数学建模、信息技术等知识，实现审计分析能力的综合提升。

（2）审计的数智化转型要与高校数字化建设协同发展。数智化审计依托于数据的可获取性、数据的质量水平、风险规则的沉淀程度，然而在不同高校，管理者的数字化认知、职能条线的信息化程度、学校数据的管理模式等都存在较大差异，使数智化审计的开展方式和开展程度必须因校制宜。各高校必须在充分普及数智化审计理念的基础上，结合各自的实际情况，谋定而后动，通过选择具备条件的典型领域和场景进行试点切入，积累经验，在效果达成的基础上再不断地深化建设，这样才能实现内部审计与学校数字化建设的同频共振，达到预期效果。

（3）审计的数智化转型要从管理规范和信息系统建设两方面着力。一方面，数智化审计系统必须依托于内审工作中对数据、指标、规则、流程、知识的标准化梳理，才能实现系统内容的自动化、智能化、实时化运行；另一方面，审计数智化转型中的业务数据采集、规则模型运算、各类风险预警都有赖于系统的运行才能实现，所以必须做到并做好“软硬两手抓”，将审计的数智化标准体系建设和数智化信息系统建设结合起来，这样才能真正实现审计的数智化转型。

（4）审计的数智化转型要构建健康融合的审计生态体系。在业务不断变革、技术快速迭代的今天，数智化审计的知识积累不能只靠内审部门人员自身的经验，必须以能力一致性和标准统一性为出发点，整合会计师事务所、外部专家等审计生态资源共同参与数智化审计建设。内审部门需要建立科学、共享、互惠的生态贡献机制，以场景化、数字化和规则化的方法融合内外部审计人员的知识和经验，在完善工程管理审计、科研管理审计、经济责任审计等传统审计业务的数智化规则的同时，积极推进内部控制审计、风险管理审计和前瞻性审计的数智化探索和积累，促进学校治理体系和治理能力的现代化建设。

第六章　高校经济责任审计转型的保障措施

一、强化政策法规支撑

在高校经济责任审计数智化转型的进程中，政策法规发挥着至关重要的引导与保障作用。国家和地方陆续出台了一系列相关政策法规，为这一转型提供了坚实的制度支撑与方向指引。

国家层面，高度重视数字化发展以及审计工作的创新变革。相关政策法规从宏观战略角度出发，为高校经济责任审计数智化转型奠定了基础。例如，《促进大数据发展行动纲要》强调了大数据在推动各领域创新发展中的重要性，鼓励各行业积极运用大数据技术提升管理与决策水平。这一纲要为高校经济责任审计数智化转型提供了数据驱动的理念支撑，促使高校在审计工作中充分挖掘数据价值，利用大数据分析技术实现对经济责任的精准审计。《关于推进国家治理体系和治理能力现代化若干重大问题的决定》明确指出，要加强权力运行制约和监督体系建设，提高治理的科学化、规范化、信息化水平。根据这一政策要求，高校应在经济责任审计中借助数智化手段加强对权力运行的监督，确保高校领导干部权力依规范行使。通过数智化审计，能够实时监控经济活动，及时发现潜在风险，为高校治理体系和治理能力现代化提供有力支持。

地方层面，各地政府根据自身实际情况，制定了更具针对性和可操作性的政策法规。一些地区出台了《地方高校数字化审计建设指导意见》，对高校数智化审计平台建设、数据安全管理、人才培养等方面提出了具体要求和指导建议，明确了数智化审计平台的功能架构，要求其具备数据采集、存储、分析、预警等一体化功能，为高校构建数智化审计平台提供了清晰的建设标准和方向。还有的地方政府颁布了《关于加强高校经济责任审计结果运用的规定》，着重强调了审计结果的运用机制。规定要求高校将审计结果与干部考核、任免、奖惩等挂钩，提高审计结果的权威性和影响力。这一规定促使高校更加重视经济责任审计工作，积极推进数智化转型，以提升审计结果的质量和运用效果。

这些政策法规的作用和影响是多方面的。首先，为高校经济责任审计数智化转型提供了合法性依据。明确了数智化审计在高校经济责任监督中的地位和作用，使得高校在开展相关工作时有法可依，避免了因法律空白而导致的工作推进困难。其次，引导高校加大对数智化审计的投入。政策法规的出台表明了政府对高校经济责任审计数智化转型的支持态度，促使高校在人力、物力、财力等方面加大投入，推动数智化审计技术的研发与应用，提升审计工作的信息化水平。再次，规范了数智化审计行为。政策法规对审计数据的采集、存储、使用等环节进行了规范，保障了数据的安全性和合法性。同时，对审计流程、审计报告等方面也提出了标准化要求，提高了审计工作的规范性和准确性。最后，促进了高校与外部机构的合作。政策法规鼓励高校与企业、科研院所等开展合作，共同推动数智化审计技术的创新与应用。这为高校提供了更多的资源和技术支持，加速了数智化转型的进程。

政策法规支持在高校经济责任审计数智化转型中具有不可替代的作用。国家和地方的政策法规相互配合、协同发力，为高校经济责任审计数智化转型营造了良好的政策环境，进一步推动高校审计工作朝着更加科学、高效、规范的方向发展。

二、加强校内制度建设

高校内部制度建设是保障经济责任审计数智化转型顺利进行的关键环节。通过建立健全相关制度，能够为转型提供坚实的内部保障，确保各项工作有序开展。

审计工作制度是高校经济责任审计数智化转型的核心制度之一。高校应制定完善的数智化审计工作流程，明确从审计项目立项、审计计划制订、审计实施到审计报告出具等各个环节的具体操作规范。在审计项目立项阶段，要充分结合高校的发展战略和实际需求，利用数据分析技术筛选出重点审计项目，提高审计工作的针对性。在审计计划制订环节，要根据数智化审计的特点，合理安排审计人员和审计资源，制订详细的数据采集和分析计划。审计实施过程中，要严格按照数智化审计程序，运用大数据分析、人工智能等技术手段，对高校经济活动进行全面、深入的审计。审计报告出具阶段，要规范报告格式和内容，确保审计结果准确、清晰。

数据管理制度是数智化审计的重要支撑。高校要建立数据采集制度，明确数据采集的范围、标准和方法，确保采集到的审计数据真实、完整、准确。同时，要加强数据存储管理，采用安全可靠的数据存储技术，保障数据的安全性和保密性。建立数据访问权限制度，根据审计人员的职责和权限，严格控制对数据的访问，防止数据泄露和滥用。为了提高数据的利用价值，高校还应制定数据共享和分析制度，促进审计数据与高校其他部门数据的共享与融合，通过数据分析挖掘潜在的审计线索和风险点。同时，要定期对数据进行清理和更新，保证数据的时效性。

质量控制制度是确保数智化审计工作质量的关键。高校应建立审计质量复核制度，在审计项目完成后，由专门的复核人员对审计工作底稿、审计报告等进行全面复核，检查审计程序是否执行到位、审计证据是否充分、审计结论是否准确。建立审计质量考核制度，将审计质量与审计人员的绩效考核挂钩，激励审计人员提高工作质量。此外，还要定期开展审计质量检查和评估活动，及时发现和解决审计工作中存在的质量问题，不断完善质量控制制度。

人员培训与管理制度是推动数智化审计转型的重要保障。高校要制订针对数智化审计的培训计划，定期组织审计人员参加大数据分析、人工智能、区块链等新技术培训，提高审计人员的数智化技能水平。同时，要引进具有数智化专业背景的人才，充实审计队伍，优化人员结构。建立激励机制，鼓励审计人员积极学习和应用新技术，对在数智化审计工作中表现突出的人员给予表彰和奖励。此外，还要加强对审计人员的职业道德教育，提高审计人员的职业操守和责任意识。

通过建立健全审计工作制度、数据管理制度、质量控制制度以及人员培训与管理制度等一系列内部制度，高校能够为经济责任审计数智化转型提供全方位的制度保障，确保转型工作顺利推进，进而提升审计工作的质量和效率。

三、健全领导协调机制

加强组织领导与建立有效的协调机制是推动高校各部门在经济责任审计数智化转型中协同合作的关键。

高校应成立专门的数智化审计转型领导小组，由学校主要领导担任组长，成员包括审计部门、财务部门、信息技术部门等相关职能部门负责人。领导小组负责统筹规划数智化审计转型工作，制定转型战略和目标，协调解决转型过程中遇到的重大问题，通过明确各部门在转型中的职责和任务，确保转型工作有序推进。审计部门作为数智化审计转型的核心力量，要发挥主导作用，负责制定数智化审计工作方案和技术标准，组织实施审计项目，对审计结果进行分析和报告。同时，要加强与其他部门的沟通与协作，及时了解业务需求，为转型工作提供专业支持。财务部门要积极配合审计部门，提供准确、完整的财务数据，协助审计人员理解财务业务流程。在数智化转型过程中，财务部门还可以与审计部门共同探索如何利用数字化技术优化财务管理和审计监督，提高资金使用效益和风险防控能力。信息技术部门在数智化审计转型中承担着技术支持的重要职责，负责搭建数智化审计平台，保障平台的稳定运行和数据安全。同时，要与审计部门密切合作，根据审计业务需求开发和优化相关审计软件和工具，提供技术培训和指导，帮助审计人员掌握和运用数智化审计技术。

为了促进各部门之间的协同合作，高校应建立沟通协调会议制度。由领导小组组长主持，各成员部门参加，定期汇报转型工作进展情况，交流工作中遇到的问题和困难，共同商讨解决方案。通过沟通协调会议，及时解决部门之间的分歧和矛盾，确保各部门在转型工作中目标一致、行动协同。

建立信息共享平台也是加强组织领导与协调机制的重要举措。通过信息共享平台，各部门可以实时共享数智化审计转型相关的政策法规、技术标准、项目进展等信息，促进信息流通和资源共享。同时，信息共享平台还可以作为部门之间沟通交流的渠道，方便各部门及时反馈问题和提出建议。

此外，高校还应建立考核评价机制，对各部门在数智化审计转型中的工作表现进行考核评价。将考核结果与部门和个人的绩效挂钩，激励各部门积极参与转型工作，提高协同合作的积极性和主动性。

通过加强组织领导，明确各部门职责，建立定期沟通协调会议制度、信息共享平台以及考核评价机制等一系列措施，高校能够形成有效的协调机制，推动各部门在经济责任审计数智化转型中紧密配合、协同作战，共同推进转型工作取得成功。

四、构建审计质控体系

构建数智化审计质量控制体系是确保高校经济责任审计工作规范性和准确性的关键。

在审计计划阶段，要充分考虑数智化审计的特点和要求，利用数据分析技术对高校经济活动进行风险评估，根据风险评估结果确定审计重点和范围，制订详细的审计计划，明确审计目标、审计程序、审计人员分工以及时间安排等内容。审计计划要具有可操作性和灵活性，能够根据审计过程中的实际情况进行调整和完善。

审计证据收集是审计质量控制的重要环节。在数智化审计环境下，审计证据的形式和来源更加多样化，除了传统的纸质证据，还包括电子数据、系统日志等。高校要建立严格的审计证据收集制度，规范证据收集的方法和程序。审计人员在收集证据时，要确保证据的真实性、合法性和相关性。对于电子数据证据，要采用可靠的数据采集工具和技术，保证数据的合法性、完整性和准确性。同时，要对证据进行分类整理和编号，建立证据索引，便于后续的审计分析和报告。

审计数据分析是数智化审计的核心环节，也是影响审计质量的关键因素。高校要加强对审计数据分析的质量控制，建立数据分析标准和规范。审计人员要熟练掌握数据分析技术和工具，运用数据分析方法对采集到的数据进行深入挖掘和分析。在数据分析过程中，要注重数据的关联性和逻辑性，通过多维度分析发现潜在的审计线索和问题。同时，要对数据分析结果进行验证和审核，确保分析结果的可靠性。

审计报告是审计工作的最终成果体现，其质量直接影响审计工作的权威性和公信力。高校要制定严格的审计报告质量控制制度，规范报告的格式、内容和撰写要求。审计报告要语言简洁、表达准确、逻辑清晰，能够准确反映审计发现的问题和结论。报告内容要包括审计背景、审计目标、审计范围、审计方法、审计发现的问题及建议等要素。在审计报告出具前，要经过严格的审核和审批程序，确保报告质量。

为了保证审计质量控制体系的有效运行，高校还应建立质量监督和评价机制，定期对审计项目进行质量检查，检查内容包括审计计划执行情况、审计证据收集和分析情况、审计报告质量等方面。对检查中发现的问题，要及时提出整改意见，督促审计人员进行整改。同时，要建立审计质量评价指标体系，对审计项目的质量进行量化评价。将审计质量评价结果与审计人员的绩效考核挂钩，激励审计人员提高审计质量。

高校通过在审计计划、证据收集、数据分析、报告撰写以及质量监督和评价等各个环节建立完善的质量控制体系，确保数智化经济责任审计工作的规范性和准确性。这既提高了审计工作的质量和水平，又为高校的健康发展提供了有力的审计保障。

五、拓展外部合作交流

高校与外部机构的合作交流在推动经济责任审计数智化转型中具有重要作用。

高校与科技企业合作，可以获取先进的数智化审计技术和工具。例如，与大数据分析企业合作，引进其成熟的数据分析平台和算法，用于高校经济责任审计中的数据挖掘和分析。这些企业在数据处理和分析方面具有丰富的经验和专业技术，能够帮助高校提高审计效率和精准度。

高校与软件企业合作，可以共同开发适合高校经济责任审计的专用软件。根据高校审计业务的特点和需求，定制化开发审计软件，实现审计流程的自动化、智能化，提高审计工作的规范化水平。同时，企业还可以为高校提供技术培训和售后服务，帮助审计人员掌握和运用新的技术和工具。

高校与科研院所的合作能够提升数智化审计的理论研究水平。科研院所拥有强大的科研实力和专业的研究团队，有能力在数智化审计领域开展前沿性研究。高校与科研院所合作，共同承担科研项目，探索数智化审计的新理论、新方法和新技术。通过合作研究，高校可以将科研成果应用于经济责任审计实践中，推动审计工作的创新发展。双方还可以开展学术交流活动，如邀请科研院所的专家学者到高校举办讲座、研讨会等，分享最新的研究成果和实践经验。高校的审计人员也可以到科研院所进行学习访问，拓宽学术视野，提升专业素养。

参加行业协会组织的活动也是高校开展外部合作与交流的重要方式。行业协会汇聚了众多高校、企业和科研机构的人才，为各方提供了一个交流合作的平台。高校通过参加行业协会组织的会议、培训、研讨会等活动，可以及时了解行业最新动态和发展趋势，掌握数智化审计的前沿技术和方法。在行业协会的平台上，高校还可以与其他高校进行经验交流和分享，学习借鉴其他高校在经济责任审计数智化转型中的成功经验和做法。同时，高校也可以在行业协会中展示自身的转型成果，提升学校的影响力和知名度。

此外，高校还可以积极参与国际合作与交流，关注国际数智化审计的发展趋势，与国外高校、科研机构和企业开展合作项目，引进国外先进的审计理念、技术和管理经验，推动高校经济责任审计数智化转型与国际接轨。高校可以通过国际合作与交流，培养具有国际视野和跨文化交流能力的审计人才，提升高校审计工作的国际化水平。

高校可以通过与国内外企业、科研院所、行业协会合作与交流等多种方式，充分利用外部资源和优势，推动高校经济责任审计数智化转型，提升审计工作的质量和水平。

六、强化监督评估机制

建立持续监督和评估机制对高校经济责任审计转型具有重要意义。

在数智化审计平台建设过程中，通过持续监督可以检查平台建设是否按照预定计划和标准进行，是否存在技术难题或进度滞后等问题。对于审计人员的数智化技能培训，持续监督可以及时了解培训效果，发现审计人员在掌握新技术方面存在的困难，以便调整培训计划。持续监督可以检查各部门和审计人员是否严格按照制度规定开展工作，是否存在违规操作等情况，能确保各项制度的有效执行，及时纠正不规范行为，保证制度的严肃性和权威性。

评估机制可以对转型效果进行全面评价，即通过建立科学合理的评估指标体系，对审计工作的效率、质量、准确性等方面进行量化评估。例如，评估数智化审计是否提高了审计工作的速度，是否发现了更多潜在的经济责任问题；审计报告的质量是否得到提升等。评估机制还可以对转型的经济效益进行评估，如分析数智化审计转型在降低审计成本、提高资金使用效益等方面的成效。通过对比转型前后的审计成本和经济效益，判断转型是否达到了预期目标。

在具体实施方法上，高校可以建立定期检查制度。由专门的监督小组定期对审计转型工作进行检查，检查内容包括项目进展、制度执行、人员工作情况等方面。监督小组可以通过查阅资料、实地走访、问卷调查等方式收集信息，及时发现问题并提出整改建议。建立数据分析监测系统也是持续监督与评估的有效手段。在数智化审计平台中嵌入数据分析监测模块，可以实时收集和分析审计工作数据。例如，监测审计项目的完成时间、审计发现问题的数量和类型等数据，通过对这些数据的分析，及时发现审计工作中的异常情况，为监督和评估提供数据支持。高校还应定期开展评估活动，根据评估指标体系，对审计转型工作进行全面评估。可以邀请校内专家、外部审计机构等参与评估，提高评估的专业性和客观性。评估结束后，要形成详细的评估报告，总结转型工作的成效和不足，提出改进措施和建议。

通过建立持续监督和评估机制，高校能够及时发现经济责任审计转型过程中存在的问题，全面评价转型效果，为转型工作的持续推进和优化提供依据，确保转型工作朝着预定目标顺利进行。

第七章　总结

新质生产力与审计数智化转型的深度融合，为高校经济责任审计带来全方位变革。通过梳理理论、剖析现状、论证必要性，我们了解了高校经济责任审计既有的不足与挑战。从审计理念革新，到技术方法创新，再到实操案例借鉴，数智化转型势在必行，更是一项系统工程，关联技术、人员、制度多方要素，哪一环节停滞，都会拖慢整体进程。唯有认清形势，多方协同推进，才可能攻克难题，让审计跟上时代，稳固高校经济的“压舱石”。

技术革新上，人工智能、大数据、区块链等前沿科技将深度嵌入审计流程，解锁更多功能。人工智能从辅助迈向主导，精准预测风险，自动生成审计策略；大数据能深挖海量数据的隐藏价值，让审计报告更具前瞻性；区块链持续加固数据安全防线，确保全流程透明、可信。三者融合，会颠覆现有审计模式，实现审计效率与质量的指数级攀升。

人才培育层面，高校与科技企业、专业学府联合办学将成常态，会催生大批跨学科审计专才。这类复合型人才不仅精通财务法规、审计流程，还擅长数据编程、算法优化，以新思路、新技术重塑审计生态，引领行业走向智慧审计的新高度。

协同合作维度，高校审计将打破校内校外的“围墙”。对内，与财务、科研、人事部门数据共通、流程互联，构建一体化防控体系；对外，携手教育部门、同行高校、社会公众，共享审计资源、经验，形成监督合力，让高校经济责任审计在多方参与下更加公正透明，成为守护高校经济健康、推动教育事业蓬勃发展的坚实保障。

参 考 文 献

[1] 黄静，王群，周文雪，等. 高校经济责任审计结果运用的新机制研究[J]. 唐山师范学院学报，2024（4）：97-101.

[2] 季丹玲. 高质量发展视角下高校内部经济责任审计的优化探析：以 A 高校为例[J]. 中国管理信息化，2024（16）：7-9.

[3] 张育，刘丹丹，高垚. 浅议高校内部审计的数智化转型及框架构建[J]. 中国内部审计，2022（9）：12-13.

[4] 吴晓恺. 我高校内部经济责任审计现状及对策：以 H 高校为例[J]. 纳税，2024（11）：85-87.

[5] 陈晓睿. 甘肃前进牧业生产运营数智转型研究[D]. 兰州：兰州财经大学，2024.

[6] 刘毅，倪敏. 大数据时代内部审计的数字化转型[N]. 中国审计报，2021.

[7] 秦荣生. 大数据、云计算技术对审计的影响研究[J]. 审计研究，2014（6）：23-28.

[8] 王艺诺. 审计信息化在 LGC 高校内部审计应用中的案例研究[D]. 沈阳：辽宁大学，2019.

[9] 李维. 大数据时代高校内部审计改革及发展策略研究[J]. 教育财会研究，2021（3）：83-85.

[10] 张文秀，张琳琳，夏聪颖. 大数据时代内部审计机构组织方式研究[J]. 会计之友，2021（8）：22-24.

附　　录

党政主要领导干部和国有企事业单位主要领导人员经济责任审计规定

中办发〔2019〕45号

第一章　总则

第一条　为了坚持和加强党对审计工作的集中统一领导，强化对党政主要领导干部和国有企事业单位主要领导人员（以下统称领导干部）的管理监督，促进领导干部履职尽责、担当作为，确保党中央令行禁止，根据《中华人民共和国审计法》和有关党内法规，制定本规定。

第二条　经济责任审计工作以马克思列宁主义、毛泽东思想、邓小平理论、“三个代表”重要思想、科学发展观、习近平新时代中国特色社会主义思想为指导，增强“四个意识”、坚定“四个自信”、做到“两个维护”，认真落实党中央、国务院决策部署，紧紧围绕统筹推进“五位一体”总体布局和协调推进“四个全面”战略布局，贯彻新发展理念，聚焦经济责任，客观评价，揭示问题，促进经济高质量发展，促进全面深化改革，促进权力规范运行，促进反腐倡廉，推进国家治理体系和治理能力现代化。

第三条　本规定所称经济责任，是指领导干部在任职期间，对其管辖范围内贯彻执行党和国家经济方针政策、决策部署，推动经济和社会事业发展，管理公共资金、国有资产、国有资源，防控重大经济风险等有关经济活动应当履行的职责。

第四条　领导干部经济责任审计对象包括：

（一）地方各级人民政府、纪检监察机关、法院、检察院的正职领导干部或者主持工作 1 年以上的副职领导干部；

（二）中央和地方各级党政工作部门、事业单位和人民团体等单位的正职领导干部或者主持工作 1 年以上的副职领导干部；

（三）国有和国有资本占控股地位或者主导地位的企业（含金融机构，以下统称国有企业）的法定代表人或者不担任法定代表人但实际行使相应职权的主要领导人员；

（四）上级领导干部兼任下级单位正职领导职务且不实际履行经济责任时，实际分管日常工作的副职领导干部；

（五）党中央和县级以上地方党委要求进行经济责任审计的其他主要领导干部。

第五条　领导干部履行经济责任的情况，应当依规依法接受审计监督。

经济责任审计可以在领导干部任职期间进行，也可以在领导干部离任后进行，以任职期间审计为主。

第六条　领导干部的经济责任审计按照干部管理权限确定。遇有干部管理权限与财政财务隶属关系等不一致时，由对领导干部具有干部管理权限的部门与同级审计机关共同确定实施审计的审计机关。

审计署审计长的经济责任审计，按照中央审计委员会的决定组织实施。地方审计机关主要领导干部的经济责任审计，由地方党委与上一级审计机关协商后，由上一级审计机关组织实施。

第七条　审计委员会办公室、审计机关依规依法独立实施经济责任审计，任何组织和个人不得拒绝、阻碍、干涉，不得打击报复审计人员。

对有意设置障碍、推诿拖延的，应当进行批评和通报；造成恶劣影响的，应当严肃问责追责。

第八条　审计委员会办公室、审计机关和审计人员对经济责任审计工作中知悉的国家秘密、商业秘密和个人隐私，负有保密义务。

第九条　各级党委和政府应当保证履行经济责任审计职责所必需的机构、

人员和经费。

第二章　组织协调

第十条　各级党委和政府应当加强对经济责任审计工作的领导，建立健全经济责任审计工作联席会议（以下简称联席会议）制度。联席会议由纪检监察机关和组织、机构编制、审计、财政、人力资源社会保障、国有资产监督管理、金融监督管理等部门组成，召集人由审计委员会办公室主任担任。联席会议在同级审计委员会的领导下开展工作。

联席会议下设办公室，与同级审计机关内设的经济责任审计机构合署办公。办公室主任由同级审计机关的副职领导或者相当职务层次的领导担任。

第十一条　联席会议主要负责研究拟订有关经济责任审计的制度文件，监督检查经济责任审计工作情况，协调解决经济责任审计工作中出现的问题，推进经济责任审计结果运用，指导下级联席会议的工作，指导和监督部门、单位内部管理领导干部经济责任审计工作，完成审计委员会交办的其他工作。

联席会议办公室负责联席会议的日常工作。

第十二条　经济责任审计应当有计划地进行，根据干部管理监督需要和审计资源等实际情况，对审计对象实行分类管理，科学制定经济责任审计中长期规划和年度审计项目计划，推进领导干部履行经济责任情况审计全覆盖。

第十三条　年度经济责任审计项目计划按照下列程序制定：

（一）审计委员会办公室商同级组织部门提出审计计划安排，组织部门提出领导干部年度审计建议名单；

（二）审计委员会办公室征求同级纪检监察机关等有关单位意见后，纳入审计机关年度审计项目计划；

（三）审计委员会办公室提交同级审计委员会审议决定。

对属于有关主管部门管理的领导干部进行审计的，审计委员会办公室向有关主管部门提出年度审计建议名单，纳入审计机关年度审计项目计划，提交审计委员会审议决定。

第十四条　年度经济责任审计项目计划一经确定不得随意变更。确需调减或者追加的，应当按照原制定程序，报审计委员会批准后实施。

第十五条　被审计领导干部遇有被有关部门采取强制措施、纪律审查、监察调查或者死亡等特殊情况，以及存在其他不宜继续进行经济责任审计情形的，由审计委员会办公室商同级纪检监察机关、组织部门等有关单位提出意见，报审计委员会批准后终止审计。

第三章　审计内容

第十六条　经济责任审计应当以领导干部任职期间公共资金、国有资产、国有资源的管理、分配和使用为基础，以领导干部权力运行和责任落实情况为重点，充分考虑领导干部管理监督需要、履职特点和审计资源等因素，依规依法确定审计内容。

第十七条　地方各级党委和政府主要领导干部经济责任审计的内容包括：

（一）贯彻执行党和国家经济方针政策、决策部署情况；

（二）本地区经济社会发展规划和政策措施的制定、执行和效果情况；

（三）重大经济事项的决策、执行和效果情况；

（四）财政财务管理和经济风险防范情况，民生保障和改善情况，生态文明建设项目、资金等管理使用和效益情况，以及在预算管理中执行机构编制管理规定情况；

（五）在经济活动中落实有关党风廉政建设责任和遵守廉洁从政规定情况；

（六）以往审计发现问题的整改情况；

（七）其他需要审计的内容。

第十八条　党政工作部门、纪检监察机关、法院、检察院、事业单位和人民团体等单位主要领导干部经济责任审计的内容包括：

（一）贯彻执行党和国家经济方针政策、决策部署情况；

（二）本部门本单位重要发展规划和政策措施的制定、执行和效果情况；

（三）重大经济事项的决策、执行和效果情况；

（四）财政财务管理和经济风险防范情况，生态文明建设项目、资金等管理使用和效益情况，以及在预算管理中执行机构编制管理规定情况；

（五）在经济活动中落实有关党风廉政建设责任和遵守廉洁从政规定

情况；

（六）以往审计发现问题的整改情况；

（七）其他需要审计的内容。

第十九条　国有企业主要领导人员经济责任审计的内容包括：

（一）贯彻执行党和国家经济方针政策、决策部署情况；

（二）企业发展战略规划的制定、执行和效果情况；

（三）重大经济事项的决策、执行和效果情况；

（四）企业法人治理结构的建立、健全和运行情况，内部控制制度的制定和执行情况；

（五）企业财务的真实合法效益情况，风险管控情况，境外资产管理情况，生态环境保护情况；

（六）在经济活动中落实有关党风廉政建设责任和遵守廉洁从业规定情况；

（七）以往审计发现问题的整改情况；

（八）其他需要审计的内容。

第二十条　有关部门和单位、地方党委和政府的主要领导干部由上级领导干部兼任，且实际履行经济责任的，对其进行经济责任审计时，审计内容仅限于该领导干部所兼任职务应当履行的经济责任。

第四章　审计实施

第二十一条　审计委员会办公室、审计机关应当根据年度经济责任审计项目计划，组成审计组并实施审计。

第二十二条　对同一地方党委和政府主要领导干部，以及同一部门、单位2名以上主要领导干部的经济责任审计，可以同步组织实施，分别认定责任。

第二十三条　审计委员会办公室、审计机关应当按照规定，向被审计领导干部及其所在单位或者原任职单位（以下统称所在单位）送达审计通知书，抄送同级纪检监察机关、组织部门等有关单位。

地方审计机关主要领导干部的经济责任审计通知书，由上一级审计机关送达。

第二十四条　实施经济责任审计时，应当召开由审计组主要成员、被审计领导干部及其所在单位有关人员参加的会议，安排审计工作有关事项。联席会议有关成员单位根据工作需要可以派人参加。

审计组应当在被审计单位公示审计项目名称、审计纪律要求和举报电话等内容。

第二十五条　经济责任审计过程中，应当听取被审计领导干部所在单位领导班子成员的意见。

对地方党委和政府主要领导干部的审计，还应当听取同级人大常委会、政协主要负责同志的意见。

审计委员会办公室、审计机关应当听取联席会议有关成员单位的意见，及时了解与被审计领导干部履行经济责任有关的考察考核、群众反映、巡视巡察反馈、组织约谈、函询调查、案件查处结果等情况。

第二十六条　被审计领导干部及其所在单位，以及其他有关单位应当及时、准确、完整地提供与被审计领导干部履行经济责任有关的下列资料：

（一）被审计领导干部经济责任履行情况报告；

（二）工作计划、工作总结、工作报告、会议记录、会议纪要、决议决定、请示、批示、目标责任书、经济合同、考核检查结果、业务档案、机构编制、规章制度、以往审计发现问题整改情况等资料；

（三）财政收支、财务收支相关资料；

（四）与履行职责相关的电子数据和必要的技术文档；

（五）审计所需的其他资料。

第二十七条　被审计领导干部及其所在单位应当对所提供资料的真实性、完整性负责，并作出书面承诺。

第二十八条　经济责任审计应当加强与领导干部自然资源资产离任审计等其他审计的统筹协调，科学配置审计资源，创新审计组织管理，推动大数据等新技术应用，建立健全审计工作信息和结果共享机制，提高审计监督整体效能。

第二十九条　经济责任审计过程中，可以依规依法提请有关部门、单位予以协助。有关部门、单位应当予以支持，并及时提供有关资料和信息。

第三十条　审计组实施审计后，应当向派出审计组的审计委员会办公室、审计机关提交审计报告。

审计报告一般包括被审计领导干部任职期间履行经济责任情况的总体评价、主要业绩、审计发现的主要问题和责任认定、审计建议等内容。

第三十一条　审计委员会办公室、审计机关应当书面征求被审计领导干部及其所在单位对审计组审计报告的意见。

第三十二条　被审计领导干部及其所在单位应当自收到审计组审计报告之日起10个工作日内提出书面意见；10个工作日内未提出书面意见的，视同无异议。

审计组应当针对被审计领导干部及其所在单位提出的书面意见，进一步研究和核实，对审计报告作出必要的修改，连同被审计领导干部及其所在单位的书面意见一并报送审计委员会办公室、审计机关。

第三十三条　审计委员会办公室、审计机关按照规定程序对审计组审计报告进行审定，出具经济责任审计报告；同时出具经济责任审计结果报告，在经济责任审计报告的基础上，简要反映审计结果。

经济责任审计报告和经济责任审计结果报告应当事实清楚、评价客观、责任明确、用词恰当、文字精练、通俗易懂。

第三十四条　经济责任审计报告、经济责任审计结果报告等审计结论性文书按照规定程序报同级审计委员会，按照干部管理权限送组织部门。根据工作需要，送纪检监察机关等联席会议其他成员单位、有关主管部门。

地方审计机关主要领导干部的经济责任审计结论性文书，由上一级审计机关送有关组织部门。根据工作需要，送有关纪检监察机关。

经济责任审计报告应当送达被审计领导干部及其所在单位。

第三十五条　经济责任审计中发现的重大问题线索，由审计委员会办公室按照规定向审计委员会报告。

应当由纪检监察机关或者有关主管部门处理的问题线索，由审计机关依规依纪依法移送处理。

被审计领导干部所在单位存在的违反国家规定的财政收支、财务收支行为，依法应当给予处理处罚的，由审计机关在法定职权范围内作出审计决定。

第三十六条　经济责任审计项目结束后，审计委员会办公室、审计机关应当组织召开会议，向被审计领导干部及其所在单位领导班子成员等有关人员反馈审计结果和相关情况。联席会议有关成员单位根据工作需要可以派人参加。

第三十七条　被审计领导干部对审计委员会办公室、审计机关出具的经济责任审计报告有异议的，可以自收到审计报告之日起30日内向同级审计委员会办公室申诉。审计委员会办公室应当组成复查工作小组，并要求原审计组人员等回避，自收到申诉之日起90日内提出复查意见，报审计委员会批准后作出复查决定。复查决定为最终决定。

地方审计机关主要领导干部对上一级审计机关出具的经济责任审计报告有异议的，可以自收到审计报告之日起30日内向上一级审计机关申诉。上一级审计机关应当组成复查工作小组，并要求原审计组人员等回避，自收到申诉之日起90日内作出复查决定。复查决定为最终决定。

本条规定的期间的最后一日是法定节假日的，以节假日后的第一个工作日为期间届满日。

第五章　审计评价

第三十八条　审计委员会办公室、审计机关应当根据不同领导职务的职责要求，在审计查证或者认定事实的基础上，综合运用多种方法，坚持定性评价与定量评价相结合，依照有关党内法规、法律法规、政策规定、责任制考核目标等，在审计范围内，对被审计领导干部履行经济责任情况，包括公共资金、国有资产、国有资源的管理、分配和使用中个人遵守廉洁从政（从业）规定等情况，作出客观公正、实事求是的评价。

审计评价应当有充分的审计证据支持，对审计中未涉及的事项不作评价。

第三十九条　对领导干部履行经济责任过程中存在的问题，审计委员会办公室、审计机关应当按照权责一致原则，根据领导干部职责分工，综合考虑相关问题的历史背景、决策过程、性质、后果和领导干部实际所起的作用等情况，界定其应当承担的直接责任或者领导责任。

第四十条　领导干部对履行经济责任过程中的下列行为应当承担直接责任：

（一）直接违反有关党内法规、法律法规、政策规定的；

（二）授意、指使、强令、纵容、包庇下属人员违反有关党内法规、法律法规、政策规定的；

（三）贯彻党和国家经济方针政策、决策部署不坚决不全面不到位，造成公共资金、国有资产、国有资源损失浪费，生态环境破坏，公共利益损害等后果的；

（四）未完成有关法律法规规章、政策措施、目标责任书等规定的领导干部作为第一责任人（负总责）事项，造成公共资金、国有资产、国有资源损失浪费，生态环境破坏，公共利益损害等后果的；

（五）未经民主决策程序或者民主决策时在多数人不同意的情况下，直接决定、批准、组织实施重大经济事项，造成公共资金、国有资产、国有资源损失浪费，生态环境破坏，公共利益损害等后果的；

（六）不履行或者不正确履行职责，对造成的后果起决定性作用的其他行为。

第四十一条　领导干部对履行经济责任过程中的下列行为应当承担领导责任：

（一）民主决策时，在多数人同意的情况下，决定、批准、组织实施重大经济事项，由于决策不当或者决策失误造成公共资金、国有资产、国有资源损失浪费，生态环境破坏，公共利益损害等后果的；

（二）违反部门、单位内部管理规定造成公共资金、国有资产、国有资源损失浪费，生态环境破坏，公共利益损害等后果的；

（三）参与相关决策和工作时，没有发表明确的反对意见，相关决策和工作违反有关党内法规、法律法规、政策规定，或者造成公共资金、国有资产、国有资源损失浪费，生态环境破坏，公共利益损害等后果的；

（四）疏于监管，未及时发现和处理所管辖范围内本级或者下一级地区（部门、单位）违反有关党内法规、法律法规、政策规定的问题，造成公共资金、国有资产、国有资源损失浪费，生态环境破坏，公共利益损害等后果的；

（五）除直接责任外，不履行或者不正确履行职责，对造成的后果应当承担责任的其他行为。

第四十二条　对被审计领导干部以外的其他责任人员，审计委员会办公室、审计机关可以适当方式向有关部门、单位提供相关情况。

第四十三条　审计评价时，应当把领导干部在推进改革中因缺乏经验、先行先试出现的失误和错误，同明知故犯的违纪违法行为区分开来；把上级尚无明确限制的探索性试验中的失误和错误，同上级明令禁止后依然我行我素的违纪违法行为区分开来；把为推动发展的无意过失，同为谋取私利的违纪违法行为区分开来。对领导干部在改革创新中的失误和错误，正确把握事业为上、实事求是、依纪依法、容纠并举等原则，经综合分析研判，可以免责或者从轻定责，鼓励探索创新，支持担当作为，保护领导干部干事创业的积极性、主动性、创造性。

第六章　审计结果运用

第四十四条　各级党委和政府应当建立健全经济责任审计情况通报、责任追究、整改落实、结果公告等结果运用制度，将经济责任审计结果以及整改情况作为考核、任免、奖惩被审计领导干部的重要参考。

经济责任审计结果报告以及审计整改报告应当归入被审计领导干部本人档案。

第四十五条　审计委员会办公室、审计机关应当按照规定以适当方式通报或者公告经济责任审计结果，对审计发现问题的整改情况进行监督检查。

第四十六条　联席会议其他成员单位应当在各自职责范围内运用审计结果：

（一）根据干部管理权限，将审计结果以及整改情况作为考核、任免、奖惩被审计领导干部的重要参考；

（二）对审计发现的问题作出进一步处理；

（三）加强审计发现问题整改落实情况的监督检查；

（四）对审计发现的典型性、普遍性、倾向性问题和提出的审计建议及时进行研究，将其作为采取有关措施、完善有关制度规定的重要参考。

联席会议其他成员单位应当以适当方式及时将审计结果运用情况反馈审计委员会办公室、审计机关。党中央另有规定的，按照有关规定办理。

第四十七条　有关主管部门应当在各自职责范围内运用审计结果：

（一）根据干部管理权限，将审计结果以及整改情况作为考核、任免、奖惩被审计领导干部的重要参考；

（二）对审计移送事项依规依纪依法作出处理处罚；

（三）督促有关部门、单位落实审计决定和整改要求，在对相关行业、单位管理和监督中有效运用审计结果；

（四）对审计发现的典型性、普遍性、倾向性问题和提出的审计建议及时进行研究，并将其作为采取有关措施、完善有关制度规定的重要参考。

有关主管部门应当以适当方式及时将审计结果运用情况反馈审计委员会办公室、审计机关。

第四十八条　被审计领导干部及其所在单位根据审计结果，应当采取以下整改措施：

（一）对审计发现的问题，在规定期限内进行整改，将整改结果书面报告审计委员会办公室、审计机关，以及组织部门或者主管部门；

（二）对审计决定，在规定期限内执行完毕，将执行情况书面报告审计委员会办公室、审计机关；

（三）根据审计发现的问题，落实有关责任人员的责任，采取相应的处理措施；

（四）根据审计建议，采取措施，健全制度，加强管理；

（五）将审计结果以及整改情况纳入所在单位领导班子党风廉政建设责任制检查考核的内容，作为领导班子民主生活会以及领导班子成员述责述廉的重要内容。

第七章　附则

第四十九条　审计委员会办公室、审计机关和审计人员，被审计领导干部及其所在单位，以及其他有关单位和个人在经济责任审计中的职责、权限、法律责任等，本规定未作规定的，依照党中央有关规定、《中华人民共和国审计法》《中华人民共和国审计法实施条例》和其他法律法规执行。

第五十条　有关部门、单位对内部管理领导干部开展经济责任审计参照本规定执行，或者根据本规定制定具体办法。

第五十一条　本规定由中央审计委员会办公室、审计署负责解释。

第五十二条　本规定自 2019 年 7 月 7 日起施行。2010 年 10 月 12 日中共中央办公厅、国务院办公厅印发的《党政主要领导干部和国有企业领导人员经济责任审计规定》同时废止。

教育部直属高校和直属单位主要领导人员经济责任审计规定

教党〔2021〕10 号

第一章　总则

第一条　为了坚持和加强教育部党组对经济责任审计工作的集中统一领导，强化对教育部直属高校、直属单位主要领导人员（以下统称领导人员）的管理监督，促进领导人员履职尽责、担当作为，确保党中央令行禁止，根据《中华人民共和国教育法》《中华人民共和国审计法》《党政主要领导干部和国有企事业单位主要领导人员经济责任审计规定》和有关法律法规，制定本规定。

第二条　经济责任审计工作以马克思列宁主义、毛泽东思想、邓小平理论、“三个代表”重要思想、科学发展观、习近平新时代中国特色社会主义思想为指导，增强“四个意识”、坚定“四个自信”、做到“两个维护”，认真落实党中央、国务院决策部署，紧紧围绕统筹推进“五位一体”总体布局和协调推进“四个全面”战略布局，贯彻新发展理念，聚焦经济责任，客观评价，揭示问题，促进教育改革发展，促进权力规范运行，促进反腐倡廉，加快推进教育治理体系和治理能力现代化。

第三条　本规定所称经济责任，是指领导人员在任职期间，对其管辖范围内贯彻执行党和国家经济方针政策、决策部署，落实部党组工作要求，推动教育事业发展，管理公共资金、国有资产、国有资源，防控重大经济风险等有关经济活动应当履行的职责。

第四条　经济责任审计对象包括：

（一）依据干部管理权限，由教育部党组负责任免的直属高校党委和行政正职领导人员，包括主持工作 1 年以上的副职领导人员。

列入中央管理的直属高校主要领导人员的经济责任审计按照有关规定执行。

（二）依据干部管理权限，由教育部党组负责任免的事业单位、社会团体秘书处党组织和行政正职领导人员，包括主持工作 1 年以上的副职领导人员，以及上级领导人员兼任下级单位正职领导职务且不实际履行经济责任时，实际分管日常工作的副职领导人员。

（三）依据干部管理权限，由教育部党组负责任免的企业法定代表人，或者虽不担任法定代表人但实际行使相应职权的主要领导人员。

（四）部党组要求进行经济责任审计的其他领导人员。

第五条　领导人员履行经济责任的情况，应当依规依法接受审计监督。

经济责任审计可以在领导人员任职期间进行，也可以在领导人员离任后进行，以任职期间审计为主。对同一单位党政主要领导人员的经济责任审计，可以同步组织实施，分别认定责任。

第六条　教育部内部审计部门依规依法独立实施经济责任审计，任何组织和个人不得拒绝、阻碍、干涉，不得打击报复审计人员。

对有意设置障碍、推诿拖延的，应当进行批评和通报；造成恶劣影响的，应当严肃问责追责。

第七条　教育部内部审计部门和参加审计项目人员对经济责任审计工作中知悉的国家秘密、商业秘密和个人隐私，负有保密义务。

第二章　组织协调

第八条　教育部设立经济责任审计工作领导小组（以下简称领导小组），统一领导经济责任审计工作。领导小组组长由教育部党组书记、部长担任，副组长由主管财务工作的部党组成员、部领导担任，财务司、人事司、巡视工作办公室为小组成员单位。领导小组下设办公室，办公室设在财务司，与教育部内部审计部门合署办公，主任由财务司主要负责同志兼任。

第九条　领导小组的主要职责是：贯彻落实党中央、国务院经济责任审计工作的政策和部党组工作要求，领导和部署经济责任审计工作，研究拟订有关经济责任审计的制度文件，审定年度经济责任审计项目计划，听取和审议经济责任审计工作开展情况、审计发现问题整改情况、审计结果运用情况报告，专题研究经济责任审计工作中发现的重大问题并提出处理意见。

第十条　领导小组办公室的主要职责是：提出年度经济责任审计项目计划建议，督促落实领导小组决定事项，研究起草有关经济责任审计的制度文件，向领导小组报告经济责任审计工作中发现的重大问题等工作。

第十一条　各成员单位应当按照领导小组工作制度规定，各负其责、协作配合，形成制度健全、管理规范、运转有序、工作高效的运行机制。

第十二条　经济责任审计应当有计划地进行，根据干部管理监督需要和审计资源等实际情况，科学制定经济责任审计中长期规划和年度审计项目计划，推进领导人员履行经济责任情况审计全覆盖。

第十三条　年度经济责任审计项目计划按如下程序制定：

（一）领导小组办公室商人事司提出审计计划安排，人事司提出领导人员年度审计建议名单；

（二）领导小组办公室根据建议名单，综合考虑以往年度审计情况、审计全覆盖要求等因素，征求领导小组成员单位意见后，提出年度审计项目计划建议；

（三）领导小组办公室将年度审计项目计划建议提交领导小组审定。

第十四条　年度经济责任审计项目计划一经确定不得随意变更。确需调减或者追加的，应当按照原制定程序批准。

第十五条　被审计领导人员遇有被有关部门采取强制措施、纪律审查、监察调查或者死亡等特殊情况，以及存在其他不宜继续进行经济责任审计情形的，领导小组办公室商成员单位提出意见，报领导小组组长批准后终止审计。

第三章　审计内容

第十六条　经济责任审计应当以领导人员任职期间公共资金、国有资产、国有资源的管理、分配和使用为基础，以领导人员权力运行和责任落实情况为重点，充分考虑管理监督需要、履职特点和审计资源等因素，依规依法确定审计内容。

第十七条　直属高校、直属事业单位和社会团体秘书处领导人员经济责任审计主要内容：

（一）贯彻执行党和国家经济方针政策、决策部署情况，落实部党组工作要求和教育部重大财经政策情况；

（二）单位重要发展规划和政策措施制定、执行和效果情况；

（三）重大经济事项的决策、执行和效果情况；

（四）财务管理和经济风险防范情况，主要包括预算管理和财务收支真实、合法、效益情况，国有资产、国有资源的管理、使用、效益情况，单位内部控制制度的制定和执行情况，对下属单位有关经济活动的管理和监督情况；

（五）在经济活动中落实有关党风廉政建设责任和遵守廉洁从业规定情况；

（六）以往审计发现问题及巡视发现经济问题的整改情况；

（七）其他需要审计的内容。

第十八条　企业领导人员经济责任审计主要内容：

（一）贯彻执行党和国家经济方针政策、决策部署情况，落实部党组工作要求和教育部重大财经政策情况；

（二）企业发展战略规划的制定、执行和效果情况；

（三）重大经济事项的决策、执行和效果情况；

（四）企业法人治理结构的建立、健全和运行情况，内部控制制度的制定和执行情况；

（五）企业财务的真实、合法和效益情况，风险管控情况，国有资本保值增值和收益上缴情况，对下属企业有关经济活动的管理和监督情况；

（六）在经济活动中落实有关党风廉政建设责任和遵守廉洁从业规定情况；

（七）以往审计发现问题及巡视发现经济问题的整改情况；

（八）其他需要审计的内容。

第四章　审计实施

第十九条　教育部内部审计部门根据审定的年度经济责任审计项目计划，组成审计组并实施审计。

第二十条　教育部内部审计部门应当按照规定，向被审计领导人员及其所在或者原任职单位（以下简称所在单位）送达审计通知书，抄送领导小组成员单位。

教育部内部审计部门应当听取领导小组成员单位和中央纪委国家监委驻教育部纪检监察组（以下简称驻部纪检监察组）的意见，及时了解与被审计领导人员履行经济责任有关的情况。领导小组成员单位和驻部纪检监察组应积极配合。

第二十一条　实施经济责任审计时，应当召开由审计组主要成员、被审计领导人员及其所在单位有关人员参加的会议，安排审计工作有关事项。领导小组成员单位根据工作需要可以派人参加。

审计组应当在被审计单位公示审计项目名称、审计纪律要求和反映问题渠道等内容。

第二十二条　经济责任审计过程中，审计组应当听取被审计领导人员所在单位领导班子成员的意见。

第二十三条　被审计领导人员及其所在单位，以及其他有关单位应当及时、准确、完整地提供被审计领导人员履行经济责任有关的下列资料：

（一）被审计领导人员经济责任履行情况报告；

（二）发展规划、工作计划、工作总结、工作报告、会议记录、会议纪要、决议决定、请示、批示、目标责任书、经济合同、合作协议、考核检查结果、业务档案、机构编制、规章制度、以往审计发现问题整改情况、以往巡视发现经济问题整改情况等资料；

（三）预算分配、财务收支、资产管理、绩效评价等相关资料；

（四）与履行职责相关的电子数据和必要的技术文档；

（五）审计所需的其他资料。

第二十四条　被审计领导人员及其所在单位应当对所提供资料的真实性、完整性负责，并作出书面承诺。

第二十五条　审计组履行经济责任审计职责时，可以通过教育部内部审计部门依规依法提请有关部门和单位协助。有关部门和单位应当积极配合，及时提供有关资料和信息。

第二十六条　经济责任审计应当加强与其他审计的统筹协调，科学配置审计资源，创新审计组织管理，推动大数据等新技术应用，提高审计工作质量和效率。

经济责任审计应充分运用巡视、纪检工作成果，建立健全信息和结果共享机制，提高监督整体效能。

第五章　审计评价

第二十七条　审计组应当根据不同领导职务的职责要求，在审计查证或者认定事实的基础上，综合运用多种方法，坚持定性评价和定量评价相结合，在审计范围内，对被审计领导人员履行经济责任情况作出客观公正、实事求是的评价。

审计评价应当有充分的审计证据支持，对审计中未涉及的事项不作评价。

第二十八条　对领导人员履行经济责任过程中存在的问题，按照权责一致原则，根据领导人员的职责分工，综合考虑相关事项的历史背景、决策程序要求、决策过程、性质、后果和领导人员实际所起的作用等情况，依规依法界定其应当承担的直接责任或者领导责任。

第二十九条　领导人员对履行经济责任过程中的下列行为应当承担直接责任：

（一）直接违反有关党内法规、法律法规、政策规定的；

（二）授意、指使、强令、纵容、包庇下属人员违反有关党内法规、法律法规、政策规定的；

（三）贯彻党和国家经济方针政策和决策部署、落实部党组工作要求和教育部重大财经政策不坚决不全面不到位，造成公共资金、国有资产、国有资源损失浪费，生态环境破坏，公共利益损害等后果的；

（四）未完成有关法律法规规章、政策措施、目标责任书等规定的领导人员作为第一责任人（负总责）事项，造成公共资金、国有资产、国有资源损失浪费，生态环境破坏，公共利益损害等后果的；

（五）未经民主决策程序或者民主决策时在多数人不同意的情况下，直接决定、批准、组织实施重大经济事项，造成公共资金、国有资产、国有资源损失浪费，生态环境破坏，公共利益损害等后果的；

（六）不履行或者不正确履行职责，对造成的后果起决定性作用的其他行为。

第三十条　领导人员对履行经济责任过程中的下列行为应当承担领导责任：

（一）民主决策时，在多数人同意的情况下，决定、批准、组织实施重大经济事项，由于决策不当或者决策失误造成公共资金、国有资产、国有资源损失浪费，生态环境破坏，公共利益损害等后果的；

（二）违反单位内部管理规定造成公共资金、国有资产、国有资源损失浪费，生态环境破坏，公共利益损害等后果的；

（三）参与相关决策和工作时，没有发表明确的反对意见，相关决策和工作违反有关党内法规、法律法规、政策规定，或者造成公共资金、国有资产、国有资源损失浪费，生态环境破坏，公共利益损害等后果的；

（四）疏于监管，未及时发现和处理所管辖范围内本级或者下一级单位违反有关党内法规、法律法规、政策规定的问题，造成公共资金、国有资产、国有资源损失浪费，生态环境破坏，公共利益损害等后果的；

（五）除直接责任外，不履行或者不正确履行职责，对造成的后果应当承担责任的其他行为。

第三十一条　被审计领导人员以外的其他人员对有关问题应当承担的责任，领导小组办公室可以适当方式向领导小组汇报相关情况。

第三十二条　审计评价时，应当把领导人员在推进改革中因缺乏经验、先行先试出现的失误和错误，同明知故犯的违纪违法行为区分开来；把上级尚无明确限制的探索性试验中的失误和错误，同上级明令禁止后依然我行我素的违纪违法行为区分开来；把为推动发展的无意过失，同为谋取私利的违纪违法行为区分开来。对领导人员在改革创新中的失误和错误，正确把握事业为上、实事求是、依纪依法、容纠并举等原则，经综合分析研判，可以免责或者从轻定责，鼓励探索创新，支持担当作为，保护领导人员干事创业的积极性、主动性、创造性。

第六章　审计报告

第三十三条　审计组实施审计后，应当向教育部内部审计部门提交经济责任审计报告。

经济责任审计报告应当事实清楚、评价客观、责任明确、用词恰当、文字精练、通俗易懂。

第三十四条　经济责任审计报告的内容主要包括：

（一）基本情况，包括审计依据、实施审计的基本情况、被审计领导人员所在单位的基本情况、被审计领导人员的任职及分工情况等；

（二）被审计领导人员任职期间履行经济责任情况的总体评价、主要业绩等；

（三）审计发现的主要问题和责任认定，其中包括审计发现问题的事实描述、定性、定性依据以及被审计领导人员应当承担的责任；

（四）审计意见和建议；

（五）其他必要的内容。

第三十五条　审计组应当有效利用被审计单位内部审计力量和成果。对内部审计发现且已经纠正的问题，不再在审计报告中反映。

第三十六条　教育部内部审计部门收到审计组的审计报告后，整理形成审计报告征求意见稿并书面征求被审计领导人员及其所在单位的意见。审计中涉及的重大经济案件调查等特殊事项，经教育部内部审计部门负责人批准，可以不征求被审计领导干部及其所在单位的意见。

被审计领导人员及其所在单位应当自收到审计报告征求意见稿之日起 10 个工作日内提出书面意见；10 个工作日内未提出书面意见的，视同无异议。

第三十七条　审计组应当针对被审计领导人员及其所在单位提出的书面意见，进一步研究和核实，对审计报告作出必要的修改，报送教育部内部审计部门。

第三十八条　教育部内部审计部门对审计报告进行审核，精简提炼形成经济责任审计结果报告，连同审计报告报领导小组组长、副组长审定。经领导小组组长签发后，出具正式的经济责任审计报告和经济责任审计结果报告。

经济责任审计结果报告重点反映被审计领导人员履行经济责任的主要情况、审计发现的主要问题和责任认定、审计处理意见和建议。

经济责任审计报告应当送达被审计领导人员及其所在单位。经济责任审计结果报告报送教育部主要负责同志，抄送领导小组有关成员单位及驻部纪检监察组。

第三十九条　审计发现的重大问题线索，由教育部内部审计部门按照干部管理权限依规依纪依法移送处理。

第四十条　经济责任审计项目结束后，教育部内部审计部门应当视情况向被审计领导人员及其所在单位领导班子成员等有关人员反馈审计结果和相关情况。领导小组成员单位根据工作需要可以派人参加。

第四十一条　被审计领导人员对经济责任审计报告有异议的，可以自收到审计报告之日起 30 日内向领导小组办公室申诉。领导小组办公室应当组成复查工作小组，并要求原审计组人员回避，自收到申诉之日起 90 日内提出复查意见，报领导小组批准后作出复查决定，复查决定为最终决定。

本条规定期间的最后一日是法定节假日的，以节假日后的第一个工作日为期间届满日。

第七章　审计结果运用

第四十二条　经济责任审计结果以及整改情况应当作为被审计领导人员考核、任免和奖惩的重要参考。

经济责任审计结果报告和审计整改报告应当归入被审计领导人员本人档案。

第四十三条　领导小组办公室应当按照规定在一定范围内以适当方式通报经济责任审计结果。

第四十四条　领导小组各成员单位应当依据领导小组工作制度，在各自职权范围内充分运用经济责任审计结果，加大审计整改检查和巡视监督力度，及时研究审计结果反映的典型性、普遍性、倾向性问题等。

第四十五条　被审计领导人员及所在单位应当充分利用审计结果，根据审计意见和建议采取以下措施实施整改：

（一）单位现任党政主要负责人为审计整改工作第一责任人，负责领导和组织审计整改工作，在党政领导班子或者董事会通报审计结果和整改要求；

（二）根据审计报告反映出的问题，及时制订整改方案，建立问题台账，落实整改责任，逐一对账销号，在规定期限内将整改结果书面报告教育部内部审计部门和人事司，抄送巡视办、驻部纪检监察组；对整改结果报告中未完成整改的事项，提出后续整改方案，明确整改责任人、整改措施、整改期限，并按要求向上述单位提交后续整改结果；

（三）根据审计意见和建议，查找问题根源，健全管理制度，建立长效机制，防范系统风险；

（四）将审计结果以及整改情况纳入单位领导班子党风廉政建设责任制检查考核的内容，作为领导班子民主生活会以及领导班子成员述责述廉的重要内容。

第八章　附则

第四十六条　对审计机构、审计人员、被审计领导人员及其所在单位，以及其他有关单位和个人在经济责任审计中的职责、权限、法律责任等，本规定未作规定的，依照党中央有关规定、《中华人民共和国审计法》《中华人民共和国审计法实施条例》《党政主要领导干部和国有企事业单位主要领导人员经济责任审计规定》和其他法律法规执行。

第四十七条　常驻联合国教科文组织代表团代表的经济责任审计参照本规定执行。直属高校和直属单位对本单位管理的领导人员经济责任审计参照本规定执行，或者根据本规定制定具体办法。

第四十八条　地方教育行政部门可以参照本规定，制定本部门管理的领导人员经济责任审计规定。

第四十九条　本规定由教育部经济责任审计工作领导小组办公室负责解释。

第五十条　本规定自文件印发之日起施行，原《关于切实做好经济责任审计工作的通知》（教财〔2000〕21号）、《教育部关于做好驻外教育机构参赞任期经济责任审计工作的通知》（教财函〔2006〕101号）、《教育部关于做好领导干部经济责任交接工作并将经济责任审计报告作为交接内容的通知》（教财〔2007〕2号）、《教育部关于进一步加强省属高校领导干部经济责任审计工作的意见》（教财〔2007〕13号）、《教育部关于做好教育系统经济责任审计工作的通知》（教财〔2011〕2号）、《教育部经济责任审计规定》（教财〔2016〕2号）同时废止。

第2205号内部审计具体准则——经济责任审计

中内协发〔2021〕6号

第一章　总则

第一条　为了贯彻落实《党政主要领导干部和国有企事业单位主要领导人员经济责任审计规定》，坚持和加强党对审计工作的集中统一领导，强化对部门、单位（以下统称单位）内部管理主要领导干部和主要领导人员（以下统称领导干部）的管理监督，规范开展经济责任审计工作，提高审计质量和效果，根据有关党内法规、《审计署关于内部审计工作的规定》（中华人民共和国审计署令第11号）、《内部审计基本准则》及相关内部审计具体准则，制定本准则。

第二条　本准则所称经济责任，是指领导干部在本单位任职期间，对其管辖范围内贯彻执行党和国家经济方针政策、决策部署，推动本单位事业发展，管理公共资金、国有资产、国有资源，防控经济风险等有关经济活动应当履行的职责。

第三条　本准则所称经济责任审计，是指内部审计机构、内部审计人员对本单位所管理的领导干部在任职期间的经济责任履行情况的监督、评价和建议活动。

第四条　经济责任审计工作以马克思列宁主义、毛泽东思想、邓小平理论、“三个代表”重要思想、科学发展观、习近平新时代中国特色社会主义思想为指导，贯彻创新、协调、绿色、开放、共享的新发展理念，聚焦经济责任，客观评价，揭示问题，促进党和国家经济方针政策和决策部署的落实，促进领导干部履职尽责和担当作为，促进权力规范运行和反腐倡廉，促进组织规范管理和目标实现。

第五条　本准则适用于党政工作部门、纪检监察机关、法院、检察院、事业单位和人民团体，国有及国有资本占控股地位或主导地位的企业（含金融机构）等单位的内部审计机构、内部审计人员所从事的经济责任审计活动，其他类型单位可以参照执行。

第二章　一般原则

第六条　经济责任审计的对象包括：党政工作部门、纪检监察机关、法院、检察院、事业单位和人民团体等单位所属独立核算单位的主要领导干部，以及所属非独立核算但负有经济管理职能单位的主要领导干部；企业（含金融机构）本级中层主要领导干部，下属全资、控股或占主导地位企业的主要领导干部，以及对经营效益产生重大影响或掌握重要资产的部门和机构的主要领导干部；上级要求以及本单位内部确定的其他重要岗位人员等。

第七条　经济责任审计可以在领导干部任职期间进行，也可以在领导干部离任后进行，以任职期间审计为主。

第八条　经济责任审计应当根据干部监督管理需要和审计资源等实际情况有计划地进行，对审计对象实行分类管理，科学制定年度审计计划，推进领导干部履行经济责任情况审计全覆盖。

第九条　经济责任审计一般由内部审计机构商同级组织人事部门，或者根据组织人事部门的书面建议，拟定经济责任审计项目安排，纳入年度审计计划，报本单位党组织、董事会（或者主要负责人）批准后组织实施。

经济责任年度审计计划确定后，一般不得随意调整。确需调整的，应当按照管理程序，报本单位党组织、董事会（或者主要负责人）批准后实施。

第十条　被审计领导干部遇有被国家机关采取强制措施、纪律审查、监察调查或者死亡等特殊情况，以及存在其他不宜继续进行经济责任审计情形的，内部审计机构应向本单位纪检监察机构、组织人事部门等有关部门并提出意见，报本单位党组织、董事会（或者主要负责人）批准后终止审计程序。

第十一条　各单位可以结合实际情况，建立健全经济责任审计工作组织协调机制，成立相应的经济责任审计工作协调机构（以下统称协调机构），负责研究制定本单位有关经济责任审计的制度文件，监督检查经济责任审计工作情况，协调解决工作中出现的问题，推进经济责任审计结果运用。协调机构在本单位党组织、董事会（或者主要负责人）的领导下开展工作。

第十二条　协调机构一般由内部审计、纪检监察、组织人事及其他相关监督管理职能部门组成。协调机构下设办公室，负责日常工作，办公室设在内部审计机构，办公室主任由内部审计机构负责人担任。

第三章　审计内容

第十三条　内部审计机构应当根据被审计领导干部的职责权限和任职期间履行经济责任情况，结合被审计领导干部监督管理需要、履职特点、审计资源及其任职期间所在单位的实际情况，依规依法确定审计内容。

第十四条　经济责任审计的主要内容一般包括：

（一）贯彻执行党和国家经济方针政策和决策部署，推动单位可持续发展情况；

（二）发展战略的制定、执行和效果情况；

（三）治理结构的建立、健全和运行情况；

（四）管理制度的健全和完善，特别是内部控制和风险管理制度的制定和执行情况，以及对下属单位的监管情况；

（五）有关目标责任制完成情况；

（六）重大经济事项决策程序的执行情况及其效果；

（七）重要经济项目的投资、建设、管理及效益情况；

（八）财政、财务收支的真实、合法和效益情况；

（九）资产的管理及保值增值情况；

（十）自然资源资产管理和生态环境保护责任的履行情况；

（十一）境外机构、境外资产和境外经济活动的真实、合法和效益情况；

（十二）在经济活动中落实有关党风廉政建设责任和遵守廉洁从业规定情况；

（十三）以往审计发现问题的整改情况；

（十四）其他需要审计的内容。

第四章　审计程序和方法

第十五条　经济责任审计可分为审计准备、审计实施、审计报告和后续审计四个阶段。

（一）审计准备阶段主要工作包括：组成审计组、开展审前调查、编制审计方案和下达审计通知书。审计通知书送达被审计领导干部及其所在单位，并抄送同级纪检监察机构、组织人事部门等有关部门。

（二）审计实施阶段主要工作包括：召开审计进点会议、收集有关资料、获取审计证据、编制审计工作底稿、与被审计领导干部及其所在单位交换意见。被审计领导干部应当参加审计进点会并述职。

（三）审计报告阶段主要工作包括：编制审计报告、征求意见、修改与审定审计报告、出具审计报告、建立审计档案。

（四）后续审计阶段主要工作包括：移交重大审计线索、推进责任追究、检查审计发现问题的整改情况和审计建议的实施效果。

第十六条　对单位内同一部门、同一所属单位的 2 名以上领导干部的经济责任审计，可以同步组织实施，分别认定责任。

第十七条　内部审计人员应当考虑审计目标、审计重要性、审计风险和审计成本等因素，综合运用审核、观察、监盘、访谈、调查、函证、计算和分析等审计方法，充分运用信息化手段和大数据分析，获取相关、可靠和充分的审计证据。

第五章　审计评价

第十八条　内部审计机构应当根据被审计领导干部的职责要求，依据有关党内法规、法律法规、政策规定、责任制考核目标等，结合所在单位的实际情况，根据审计查证或者认定的事实，坚持定性评价与定量评价相结合，客观公正、实事求是地进行审计评价。

第十九条　审计评价应当遵循全面性、重要性、客观性、相关性和谨慎性原则。审计评价应当与审计内容相一致，一般包括被审计领导干部任职期间履行经济责任的主要业绩、主要问题以及应当承担的责任。

审计评价事项应当有充分的审计证据作支持，对审计中未涉及、审计证据不适当或不充分的事项不作评价。

第二十条　审计评价可以综合运用多种方法，主要包括：与同业对比分析和跨期分析；与被审计领导干部履行经济责任有关的指标量化分析；将被审计领导干部履行经济责任的行为或事项置于相关经济社会环境中进行对比分析等。

内部审计机构应当根据审计内容和审计评价的需要，合理选择定性和定量评价指标。

第二十一条　审计评价的依据一般包括：

（一）党和国家有关经济方针政策和决策部署；

（二）党内法规、法律、法规、规章、规范性文件；

（三）国家和行业的有关标准；

（四）单位的内部管理制度、发展战略、规划和目标；

（五）有关领导的职责分工文件，有关会议记录、纪要、决议和决定，有关预算、决算和合同，有关内部管理制度；

（六）有关主管部门、职能管理部门发布或者认可的统计数据、考核结果和评价意见；

（七）专业机构的意见和公认的业务惯例或者良好实务；

（八）其他依据。

第二十二条　对被审计领导干部履行经济责任过程中存在的问题，内部审计机构应当按照权责一致原则，根据领导干部职责分工及相关问题的历史背景、决策过程、性质、后果和领导干部实际发挥的作用等情况，界定其应当承担的直接责任或者领导责任。

内部审计机构对被审计领导干部应当承担责任的问题或者事项，可以提出责任追究建议。

第二十三条　领导干部对履行经济责任过程中的下列行为应当承担直接责任：

（一）直接违反有关党内法规、法律法规、政策规定的；

（二）授意、指使、强令、纵容、包庇下属人员违反有关党内法规、法律法规、政策规定的；

（三）贯彻党和国家经济方针政策、决策部署不坚决不全面不到位，造成公共资金、国有资产、国有资源损失浪费，生态环境破坏，公共利益损害等后果的；

（四）未完成有关法律法规规章、政策措施、目标责任书等规定的领导干部作为第一责任人（负总责）事项，造成公共资金、国有资产、国有资源损失浪费，生态环境破坏，公共利益损害等后果的；

（五）未经民主决策程序或者民主决策时在多数人不同意的情况下，直接决定、批准、组织实施重大经济事项，造成公共资金、国有资产、国有资源损失浪费，生态环境破坏，公共利益损害等后果的；

（六）不履行或者不正确履行职责，对造成的后果起决定性作用的其他行为。

第二十四条　领导干部对履行经济责任过程中的下列行为应当承担领导责任：

（一）民主决策时，在多数人同意的情况下，决定、批准、组织实施重大经济事项，由于决策不当或者决策失误造成公共资金、国有资产、国有资源损失浪费，生态环境破坏，公共利益损害等后果的；

（二）违反单位内部管理规定造成公共资金、国有资产、国有资源损失浪费，生态环境破坏，公共利益损害等后果的；

（三）参与相关决策和工作时，没有发表明确的反对意见，相关决策和工作违反有关党内法规、法律法规、政策规定，或者造成公共资金、国有资产、国有资源损失浪费，生态环境破坏，公共利益损害等后果的；

（四）疏于监管，未及时发现和处理所管辖范围内本级或者下一级地区（部门、单位）违反有关党内法规、法律法规、政策规定的问题，造成公共资金、国有资产、国有资源损失浪费，生态环境破坏，公共利益损害等后果的；

（五）除直接责任外，不履行或者不正确履行职责，对造成的后果应当承担责任的其他行为。

第二十五条　审计评价时，应当把领导干部在推进改革中因缺乏经验、先行先试出现的失误和错误，同明知故犯的违纪违法行为区分开来；把上级尚无明确限制的探索性试验中的失误和错误，同上级明令禁止后依然我行我素的违纪违法行为区分开来；把为推动发展的无意过失，同为谋取私利的违纪违法行为区分开来。正确把握事业为上、实事求是、依纪依法、容纠并举等原则，经综合分析研判，可以免责或者从轻定责，鼓励探索创新，支持担当作为，保护领导干部干事创业的积极性、主动性、创造性。

第二十六条　被审计领导干部以外的其他人员对有关问题应当承担的责任，内部审计机构可以以适当方式向组织人事部门等提供相关情况。

第六章　审计报告

第二十七条　审计组实施经济责任审计项目后，应当编制审计报告。

第二十八条　经济责任审计报告的内容，主要包括：

（一）基本情况，包括审计依据、实施审计的情况、被审计领导干部所在单位的基本情况、被审计领导干部的任职及分工情况等；

（二）被审计领导干部履行经济责任情况的总体评价；

（三）被审计领导干部履行经济责任情况的主要业绩；

（四）审计发现的主要问题和责任认定；

（五）审计处理意见和建议；

（六）以往审计发现问题的整改情况；

（七）其他必要的内容。

第二十九条　内部审计机构应当将审计组编制的审计报告书面征求被审计领导干部及其所在单位的意见。被审计领导干部及其所在单位在收到征求意见的审计报告后，应当在规定的时间内提出书面意见；逾期未提出书面意见的，视同无异议。

第三十条　审计组应当针对收到的书面意见，进一步核实情况，对审计报告作出必要的修改，连同被审计领导干部及其所在单位的书面意见一并报送内部审计机构审定。

第三十一条　内部审计机构按照规定程序审定并出具审计报告，同时可以根据实际情况出具经济责任审计结果报告，简要反映审计结果。

经济责任审计报告和经济责任审计结果报告应当事实清楚、评价客观、责任明确、用词恰当、文字精练、通俗易懂。

第三十二条　内部审计机构应当将审计报告、审计结果报告按照规定程序报本单位党组织、董事会（或者主要负责人）；提交委托审计的组织人事部门；送纪检监察机构等协调机构成员部门。

审计报告送达被审计领导干部及其所在单位和相关部门。

第七章　审计结果运用

第三十三条　内部审计机构应当推动经济责任审计结果的充分运用，推进单位健全经济责任审计整改落实、责任追究、情况通报等制度。

第三十四条　内部审计机构发现被审计领导干部及其所在单位违反党内法规、法律法规和规章制度时，应当建议由单位的权力机构或有关部门对责任单位和责任人员作出处理、处罚决定；发现涉嫌违法犯罪线索时，应当及时报告本单位党组织、董事会（或者主要负责人）。

第三十五条　内部审计机构应当推动经济责任审计结果作为干部考核、任免和奖惩的重要依据。推动被审计领导干部及其所在单位将审计结果以及整改情况纳入所在单位领导班子党风廉政建设责任制考核的内容，作为领导班子民主生活会以及领导班子成员述责述廉的重要内容。

经济责任审计结果报告应当按照规定归入被审计领导干部本人档案。

第三十六条　内部审计机构应当推动建立健全单位纪检监察等其他内部监督管理职能部门的协调贯通机制，在各自职责范围内运用审计结果。

第三十七条　内部审计机构应当及时跟踪、了解、核实被审计领导干部及其所在单位对于审计发现问题和审计建议的整改落实情况。必要时，内部审计机构应当开展后续审计，审查和评价被审计领导干部及其所在单位对审计发现问题的整改情况。

第三十八条　内部审计机构应当将经济责任审计结果和被审计领导干部及其所在单位的整改落实情况，在一定范围内进行通报；对审计发现的典型性、普遍性、倾向性问题和有关建议，以综合报告、专题报告等形式报送党组织、董事会（或者主要负责人），提交有关部门。

第三十九条　内部审计机构应当有效利用国家审计机关、上级单位对本单位实施经济责任审计的成果，督促本单位及所属单位整改审计发现问题，落实审计建议。

第八章　附则

第四十条　本准则由中国内部审计协会发布并负责解释。

第四十一条　本准则自 2021 年 3 月 1 日起施行。2016 年 3 月 1 日起施行的《第 2205 号内部审计具体准则——经济责任审计》同时废止。